Waterkant in Mörderhand

Kriminalgeschichten aus Hamburg

Herausgegeben von
Karen Riefflin

Illustriert mit Stadtansichten von
Friedhelm Grundmann

Ariadne
Hamburg

Die Figuren dieser Kurzgeschichten sind frei erfunden.
Ähnlichkeiten mit lebenden Personen sind nicht beabsichtigt
und rein zufällig.

Deutsche Originalausgabe

Eppendorfer Weg 95a, 20259 Hamburg
Telefon 040/4018000 – Fax 040/40180020
www.argument.de
Texterfassung durch die Autorinnen und Autoren
Umschlaggestaltung & Satz: Martin Grundmann
Druck: Clausen und Bosse, Leck
Gedruckt auf säure- und chlorfreiem Papier
ISBN 3-88619-494-9
Erste Auflage 1999

Inhalt

Karen Riefflin

Vorwort

Waterkant in Mörderhand

Hamburg, die große Hafenstadt im Norden, Handelsmekka und Tor zur Welt: sündiges St. Pauli und prächtige Passagen, stolze Kirchen und Hafenkräne, Architektur- und Medienzentrum, Nostalgie der Speicherstadt, Land und Wasser und dazwischen mehr Brücken als Venedig und Amsterdam zusammen ...

Wie aber tickt diese Stadt? Was macht die Menschen aus, die hier leben? Wie fühlt sich Hamburg wirklich an?

Nichts bringt die Atmosphäre, die Mentalität, die Seele dieser Stadt so sinnlich auf den Punkt wie Kriminalgeschichten. Momentaufnahmen aufeinander prallender Alltagswelten, Skizzen von Triumph und Abstieg, Übermut und Verzweiflung, Leben und Tod zeigen die Abgründe hinter den stolzen Fassaden der Elb-Metropole.

Wussten Sie, dass in keiner anderen deutschen Großstadt so viele Krimiautoren leben und arbeiten? Ganz zu schweigen von jenen, die noch nie auf einem Buchrücken aufgetaucht sind. Uns reizte dieses kriminalistische Potential so sehr, dass wir alle schreibenden Hamburger dazu aufriefen, »ihren« Hamburg-Krimi zu erzählen. Daraufhin erreichten uns fast zweihundert Einsendungen, für die wir uns ganz herzlich bedanken möchten. Denn die Vielzahl der eingesandten Geschichten machte diese bunte, facettenreiche Sammlung kriminalliterarischer Stadtprofile überhaupt erst möglich.

Der Blick auf Hamburg aus unterschiedlicher Perspektive, die vielfältige Umsetzung des Genres Krimi wertet *Waterkant in Mörderhand* zu einem Stück lebendiger und lesenswerter Großstadtkultur auf. Es ist ein Stadtführer der besonderen Art: klassisch, verrückt, witzig, böse, aber nie langweilig – genau wie unser Hamburg.

Martina Bick

Endstation Köhlbrand

Martina Bick

Endstation Köhlbrand

Immerhin hatte er ihre verdammte Leiche quer durch Europa geschleppt. Er hatte drei Grenzen passiert und eine Polizeikontrolle in Frankreich. Er war nie durchsucht worden, er hatte Glück gehabt. Er sah Vertrauen erweckend aus mit seinen grauen Schläfen, dem hellen Gabardineanzug, den natürlich Susan ausgesucht hatte, und sein Wagen war eine saubere, unauffällige Limousine. Es gab wirklich keinen Grund, warum irgendein Grenzbeamter oder Zöllner auf ihn hätte aufmerksam werden sollen. Zwischen Portugal und Spanien war er noch vorsichtig gewesen. Er hatte Susan, vielmehr ihre Leiche, in einen groben Sisalsack gesteckt, wie ihn die Einheimischen benutzen, wenn sie Holz sammeln gehen, und ihn geschultert. Susan war eine zierliche Person. Aber so ein Zentner über der Schulter, bergauf und bergab über die grüne Grenze – nein, leicht war das nicht gewesen. Und dann die Hitze. Und die Angst. Schließlich war Susan tot, ertrunken. Er konnte es eigentlich noch gar nicht glauben.

Zwischen Spanien und Frankreich und zwischen Frankreich und Deutschland waren die Grenzen offen, er hätte sich keine Sorgen zu machen brauchen. Aber natürlich machte er sich trotzdem Sorgen – schließlich hatte er eine Leiche im Kofferraum! Und er war ihr Mörder! Würde man ihn je verdächtigen? Er wollte es gar nicht erst so weit kommen lassen. Zumal er nicht einmal wusste, warum er seine Frau umgebracht hatte. Sie war kein schlechter Mensch, wirklich, sie war ganz in Ordnung gewesen. Darum hatte er sie schließlich auch geheiratet. Er war nämlich ein äußerst vorsichtiger Mensch. Aber dann nahm das Drama seinen Lauf. So würde er es einem Polizeibeamten erklären, wenn es nötig sein sollte.

Er hatte die Leiche im Kofferraum versteckt, hinter zwei Weinkisten, den Koffern und ein paar bunten Teppichen, die Susan auf einem andalusischen Markt erstanden hatte. Unnütze Vorsicht. Der spanische Zollposten war nicht besetzt und der Franzose wendete sich gelangweilt ab, als er mit vor Aufregung feuchten Händen auf ihn zusteuerte.

Natürlich hätte er sich unterwegs seiner unbequemen Last entledigen können. Und er hatte sich weiß Gott den Kopf darüber zerbrochen. Er hatte alle, wirklich alle Möglichkeiten in Erwägung gezogen, um seine Frau so spurlos verschwinden zu lassen, wie sie im Laufe dieser achtzehn Ehejahre aus seinem Herzen verschwunden war. Bis hin zu ganz garstigen Aktionen, die er nicht einmal in Gedanken wiederholen mochte. Es ging einfach nicht. Er war ein sentimentaler Mensch. Er wollte, dass Susan begraben wurde wie jede andere Verstorbene. Wie er es auch für sich selbst wünschte, wie er es für jeden wünschte, selbst für seinen ärgsten Feind. Ihre Mutter sollte an ihrem Grab weinen können, und er selbst, wer weiß, würde vielleicht eines Tages hingehen, um einen Strauß Blumen niederzulegen. Achtzehn Jahre waren schließlich eine lange Zeit.

Erst kurz vor Hamburg, ihrer Heimatstadt, kam ihm der Gedanke mit der Köhlbrandbrücke. Es wurde gerade dunkel, als er Bremen passierte, und insgeheim, in seiner Verzweiflung, hatte er sich schon darauf eingestellt, mit dieser verflixten Leiche im Kofferraum womöglich noch die deutsch-dänische und die dänisch-schwedische und die schwedisch-norwegische Grenze zu passieren. Hamburg, natürlich. Wahrscheinlich hatte er unbewusst darauf zugehalten, in einer Art blinder Gewissheit. Die Köhlbrandbrücke, wie oft hatte sie ihm von ihr erzählt. Sie hatte ein Faible für Selbstmörder. Nicht dass sie selbst gefährdet war – im Gegenteil! Sie strotzte nur so vor Leben, widerlich, wie sie am Leben hing und sich an ihrer Gesundheit ergötzte. Nein, rein aus Neugier und Sensationslust las sie alle Berichte über Selbstmörder und die verzweifelten Arten, mit denen sie sich selbst aus dem Weg räumten. Die Köhlbrandbrücke, das hielt sie für einen sportlichen Abgang. Sich mehr als fünfzig Meter über dem Wasser, dem bleigrauen, schmierigen Wasser der Elbe, über das Geländer schwingen und fliegen, einmal richtig fliegen, ehe alles vorbei war.

Er war entschlossen, sie auf diesem Wege verschwinden zu lassen. Selbstmord in Hamburg, das war's. Sie würde gefunden werden, und da sie tatsächlich ertrunken war, nur im Tejo und mit seiner kräftigen Unterstützung, würde selbst eine Autopsie keine Zweifel aufkommen lassen. Siegessicher bog er in Waltershof von der Autobahn ab. Die erleuchtete Silhouette von Hamburgs Türmen, Gebäuden und Hafenanlagen lag vor seinen Augen. Er steuerte direkt auf die imposante Hängebrücke über dem Köhlbrand zu. Zweispurig und breit, wie eine Autobahn, wand sich die Straße über das Wasser. Der Wagen war windempfindlich, er musste stark gegensteuern, so hoch fuhren sie, seine Leiche und er. Er wagte nicht hinunterzusehen. Ihm schwindelte. Er fuhr ganz langsam. Er kroch über den höchsten Punkt. Niemand außer ihm war auf der Straße. Er hätte in aller Ruhe seine Tat vollenden können. Er wusste, der Plan war richtig und gut, fast genial. Nur traute er sich nicht anzuhalten. Der Schwindel war so stark, dass er unmöglich das sichere Gehäuse des Wagens verlassen konnte. Nie und nimmer hätte er es geschafft, die fünfzig Kilo schwere Tote, die in seinem Kofferraum langsam zu verwesen begann, über das Geländer zu kippen. Er stellte sich vor, dass er unweigerlich hinterherstürzen müsste. Er fuhr weiter. Er war sich seiner Feigheit bewusst. Genau wie damals, als Susan ihn auslachte, weil er Angst hatte, in den Tejo zu springen. Sie hatte so lange gelacht, bis er zu ihr in den Fluss kam, sie packte und unter Wasser drückte. Bis sie aufhörte, sich zu wehren.

Mit zitternden Knien, im Schneckentempo, fuhr er weiter, immer weiter. Er wusste nicht mehr, wo er sich befand und auf welchem Weg er sich der Stadt näherte. Der Heimatstadt seiner Frau. Irgendwann – es gab nur eine einzige, breit ausgebaute Straße, die ihn durch alle möglichen Hafenanlagen leitete – irgendwann tauchten Schilder auf: ›Centrum‹. Er folgte ihnen. Alle Zuversicht und Lebenskraft war von ihm gewichen.

»Haben Sie etwas zu verzollen? Woher kommen Sie?«

Ganz langsam, wie eine Billardkugel in ihr Loch, war er auf den Zollposten am Ende des Freihafens zugerollt. Die Köhlbrandbrücke führte direkt in das zollfreie Hafengebiet, und es gab keine Möglichkeit, ohne Zollkontrolle wieder hinauszugelangen. Das hätte Susan Freude gemacht, wie sie überall Tücke und Spott genossen hatte. Er stellte die Zündung aus.

»Bitte öffnen Sie den Kofferraum«, sagte der Zollbeamte und umrundete langsam den Wagen, bis er wieder auf der Fahrerseite stehen blieb.

Wie durch Watte drangen die Worte an sein Ohr. Dann zog er den Zündschlüssel ab und reichte ihn dem Beamten durch das geöffnete Fenster.

Astrid Hagel

Chefsache

Astrid Hagel

Chefsache

»Sieht komisch aus, fin's nich?«

»Hm. So blau.«

»Angemalt, oder?«

»Glaub schon.«

»Aber die Nase!«

»Sieht aus, wie 'n ... na du weißt schon.«

»Is aus Plastik. Kuck mal, mit Gummiband.«

»Soll wohl 'n Scherz sein, was?«

»Bei 'm Toten?«

»Vielleicht vorher.«

»Is doch kein Fasching.«

»Hier sowieso nich. Nur im Fernsehn, Mainz wie's singt und lacht. Is bei unserm ewigen Nieselregen auch nich drin. Stell dir mal vor: 'n Karnevalsumzug im Hamburger Schmuddelwetter. Ha.«

»Bin froh, dass 's das hier nich gibt.«

»Was macht denn dann so 'n Clown aufer Alster?«

»Is vielleicht gar keiner.«

»Hm.«

»Piekfeines Jackett hat er an.«
»Eins A.«
»Aber tot is er.«
»Und in ei'm von unsern Booten.«
»Tja.«
»...«
»Die Jacke is auch komisch.«
»Wieso?«
»Na, kuck doch mal. Da is 'n Stern aufgemalt.«
»Mit Rot.«
»Hm.«
»Meinst, das 's Blut?«
»Weiß nich.«
»Hat ja auch 'n Loch im Kopp.«
»Das gibt Schererein.«
»An unserm Anleger.«
»Was der Chef wohl dazu sacht?«
»Mann, das gibt Stunk, ich riech's bis hier.«
»Jau.«
»...«
»Ich scheuer jetz hier die Planken und mach die Boote los, sonst kriegen wir noch den Ärger ab.«
»Nee du, lass mich man hier nich allein mit dem Kerl.«
»Der tut dir nix mehr, das steht fest.«
»Is doch gruselig, so 'n Toter. Ermordet. Sieht man doch. Wenn der Mörder hier nu noch rumlungert?«
»Glaub ich nich. Der is doch längst über alle Berge.«
»Und wenn nich?«
»Dann geh in dein Klohaus.«

»Einfach so?«

»Klar, mach du deine Arbeit und ich mach meine, basta.«

»Und wer ruft die Polizei?«

»Wir jedenfalls nich. Die Klofrau und der Bootsmann haben nichts gehört und nichts gesehn. Das wär meine Devise.«

»Ich weiß nich, Hein.«

»Die fragen dir 'n Loch in Bauch, wenn de die anrufst. Glaub man.«

»Aber einer muss die anrufen.«

»Der Chef. Is immerhin sein Bootssteg und sein Segelclub.«

»Und sein Boot.«

»Mein Reden.«

»Wer weiß, wann der kommt.«

»Menschenskind, Else, du machst mich ganz rammdösig.«

»Weiß'u, was ich immer denken muss?«

»Nee.«

»Der sieht aus wie so einer, von dem der Chef geschnackt hat.«

»Wann hast du denn mit dem Chef geredet?«

»Ich doch nich.«

»Wer denn?«

»Na sein Kumpel von dieser Gesellschaft, diese – na wie heißen die noch gleich. Die hier immer antanzen, jeden Dienstach, ganz in Schwarz.«

»Die Freimaurer?«

»Jawoll, wusst ich doch, irgendwelche Handwerker. Sehn aber nich so aus.«

»Tun se auch nich. Immer nur unter sich und nie 'ne Frau dabei und immer so steif in Schlips und Kragen.«

»Und der Chef mittenmang.«

»Ha, der find' das toll. Aber aufgereecht is der immer, total durch 'n Wind.«

»Dienstachs geht der dreimal so oft auf 'n Pott.«

»Und dann quatscht er mit dir?«

»Nee, mich sieht der gar nich in mei'm Kabäuschen. Der redet mit sein' Kumpels am Pissbecken, jedenfalls gestern.«

»Weiß nich, was das mit dem Toten hier zu tun haben soll.«

»Man sachte. Also, der sacht zu sei'm Kumpel, du Friedrich, sacht er, die Zauberflöte is ein Skandal.«

»Die Zauberflöte? Seine oder die vom Friedrich? Hahaha.«

»Blödmann. Die von Mozart, die Oper. Ich jedenfalls kenn die. Läuft manchmal im Fernsehn, so schöne Musik, ich wein jedes Mal.«

»Und wieso soll die nu 'n Skandal sein?«

»Nich die aus 'm Fernsehn. Na die von hier, anner Oper. Der Chef war da. Hier in Hamburch inner Oper, in Frack und mit Lackschuhn, hab ich selbst gesehn, und seine Frau, die immer so etepetete is und nur in Stöckelschuhn rumläuft, is auch mit und seine Kinder auch. Mit dem Alsterdampfer sind sie gefahrn und beim Alsterpavillon ausgestiegen, hat mir der Kleine, der Johann, nächsten Tach erzählt. Die sind doch noch zu klein für so was, oder? Is doch Schule. Aber der Chef sacht, das is erbaulich und tief oder so was und das solln se sehn. *Wichtiger geistiger Gehalt*. Hat sie alle noch vorher zu mir ins Klo geschickt.«

»Ich denk, da war der Kumpel.«

»Mensch, du kapierst auch gar nix. Das war doch vorher. Letzte Woche wa'n die inner Oper und gestern Abend, wo alle die, na diese Maurer hier wa'n, da is einer von den Sängers hier in' Club gekomm', wollt was trinken. Und da hat der Chef zu sei'm Kumpel hier bei mir auf 'm Klo gesacht: ›Dass der das waacht, hierher zu komm', is 'ne Frechheit‹.«

»Wieso?«

»Der Chef hat gesacht, die Zauberflöte, die war verschandelt, das hat er gesacht. Die Zauberflöte is 'n Skandal, hat er gesacht, und er findet das unmöglich und er bereut, dass er seine unschuldigen Kinder in dies Gruselkabinett mitgenomm' hat und die das sehn mussten, und das gehört verboten, aber es gibt keine Kultur mehr in Hamburch, hat er gesacht, nur so Verrückte, die sich alles erlauben, was sie nur wolln, und Mozarts Werk is in die Hände vom Teufel gelangt oder irgend so was, ganz genau hab ich es nich verstanden, aber mächtig aufgereecht war er, der Chef, na ja, hatte wohl auch 'n Klein' intus.«

»Ja, aber ...«

»Und nu kommt's: Er sacht zu sei'm Kumpel, die Sänger wa'n blau angemalt im Gesicht und der eine hatte statt 'ner Nase einen ... na du weißt schon, na 'nen Riesenpimmel aus Gummi im Gesicht. Darüber hat er sich furchtbar aufgereecht, nich der Sänger, der Chef. Und nun kuck dir mal den da an.«

»Hm.«

»Blau angemalt und dann die Nase.«

»Is das der Sänger von gestern?«

»Kann sein. Im Klo hab ich ihn jedenfalls gesehn, glaub ich wenichstens, so genau sieht man das ja nich mehr bei all der Farbe im Gesicht, aber das weiße Jackett is mir aufgefalln.«

»Hat der Chef auch was von roten Sternen gesacht?«

»Nee.«

»Einer von den Freimaurern is das jedenfalls nich.«

»Nee, mit dem weißen Jackett.«

»Und die Haare, so salopp.«

»Das Jackett is hin, den Fleck kricht keiner mehr raus.«

»Blut is das aber nich.«

»Wieso?«

»Das wird braun, ruck, zuck, weiß ich vom Rasiern, wenn ich mich schneide. Und kuck mal das Loch im Kopp, und da am Hals, wo's runtergelaufen is, da is es auch braun, siehste. Das hier auf der Jacke is aber knallrot.«

»Stimmt. Meinst, das 's Farbe?«

»Was sonst?«

»Im Gesicht doch auch, das 's doch auch Farbe, hellblau.«

»Aber es hat doch gereechnet, die ganze Nacht glaub ich meist, kuck mal all das Wasser im Boot.«

»Könnte ja Ölfarbe sein, die geht nich ab von Wasser.«

»Wie kommst denn da drauf?«

»Hat die Kleine vom Chef mir neulich von erzählt.«

»Von Ölfarbe?«

»Ja, was dagegen?«

»Pah, is mir doch egal, was du mit der redest. Zu mir sacht die kein Wort.«

»Na schön, ich hab sie gefraacht.«

»Wie jetzt?«

»Ich hab sie gefraacht, was sie da für 'n Kasten mit sich rumschleppt, und da hat sie mir gesacht, da is Ölfarbe drin und sie geht demnächst in eine Kunstschule, ganz in Blankenese, der Chauffeur fährt sie hin und da lernt sie das.«

»Was?«

»Ölbilder malen.«

»Hm. Und warum schleppt sie die Farben hier mit her?«

»Du kannst ei'm vielleicht Löcher in' Bauch fragen. Die Polizei kann auch nich schlimmer sein. Die Farben hat sie grade neu eingekauft, inner Innenstadt mit ihrer Mutter, dann sind sie direktemang hierher den Chef abholn, weil sie in die Oper wollten. Hab ich schon erzählt, in die Zauberflöte.«

»Was du auch allens noch weißt.«

»Weiß ich, weil sie den Kasten bei mir im Klo abgestellt hat. Wollte den nich mitnehm' inne Oper.«

»Ach so.«

»Da hat se ihn auch stehn gelassen, wahrscheinlich schon wieder was Neues im Kopf, wie die jungen Dinger so sind.«

»Der is immer noch in dei'm Klo?«

»Ja ... Aber wart mal. Merkwürdig, jetzt wo du's sachst ...«

»Was?«

»Na das mit den Farben.«

»Wieso, was is damit?«

»Ich hab den Kasten gestern Abend, bevor ich dichtgemacht hab, mitten auf mein' Tisch geleecht, damit ich nich vergess, ihn heute dem Chef zu geben, wollt' den endlich wieder los sein, nich den Chef, den Kasten. Hab ich dem Chef auch gesacht und er sacht, er will ihn dann bei *Gelegenheit* mitnehm', so geht das schon die ganze Woche. Ich sach es jeden Tach, aber er vergisst ihn jedes Mal. Aber heute wollt' ich ihm den in' Arm drücken und fertig.«

»Und?«

»Die Farben sind wech.«

»Wech ...«

»Ja, fiel mir gar nich auf heute Morgen, aber jetzt wo du's sachst. Ich hab mein' Korb mit dem Knüdelzeuch auf 'n Tisch gestellt. Da war kein Kasten.«

»War abgeschlossen?«

»Ja.«

»Nur der Chef hat noch 'n Schlüssel, oder?«

»Hm.«

»Hatte mächtig ein' im Kahn gestern Abend. Ich hab ihm noch die Planken langgeholfen. Faselte die ganze Zeit was von 'ner Verabredung, die er noch hat. Da will ihm einer seine Pappnase aufsetzen oder so was, hab nur mit halbem Ohr zugehört.«

»Ich bin auch gleich wech, als ihr hoch seid. War sowieso schon mächtig spät für ’n Dienstach.«

»…«

»…«

»Sach mal, Else?«

»Hein?«

»Glaubs’u, dass der Chef noch kommt?«

Uwe Ruprecht

Leben und Sterben auf St. Pauli

Uwe Ruprecht

Leben und Sterben auf St. Pauli

Als Richert erwacht, fühlt er sich wie mit dem Putzlappen eines Lageraufsehers geknebelt. Die Hure zerrt ihren ersten Freier durch den Gang. Sie ist fett, um die fünfzig, und kommandiert den Kunden nach Feldwebelart. Ist der Freier fort, wird Richert ihr Röcheln über der Kloschlüssel zwei Türen weiter hören. Er stellt sich vor, dass sie Sperma spuckt; es ist wohl nur Ekel pur. Jedenfalls wiederholt sich die Prozedur allmorgendlich, nach jedem Freier, also ein Ritual.

Vermutlich bedient sie vornehmlich Stammkunden, Männer ihres Alters, die sie seit Jahren besuchen. Sie steht nur vormittags auf der Straße, bevor das eigentliche Geschäft läuft. Unvorstellbar, dass ein zufälliger Passant gerade sie wählen könnte. Unter den Megären der zweiten Garnitur, die Tagschicht schieben, Typ Sekretärin mit Goldrandbrille oder minderjährige Fixerin, fällt sie durch ihre aberwitzige Hässlichkeit auf. »Dicke Bertha« nennt Richert sie bei sich und assoziiert ein von Schrapnellsplittern zerfetztes Gesicht. Den Männern, die sie aufsuchen, mag es als Vorzug erscheinen; erschrecken wird sie eher die unwirkliche Schönheit der nächtlichen Anbieterinnen.

Sieben Uhr früh, der Freier will sich vor der Arbeit einen blasen lassen. Bald wird Richerts Hirn sein Stöhnen empfangen. Wie Eispickel hacken die Absätze der Hure hinein.

Vor dem Fenster zum Hof ballen sich dröhnend die Geräusche. Die Passage zur Gerhardstraße wirkt als Trichter für den Lärm des Viertels: schnalzende Autoreifen auf Kopfsteinpflaster, knurrende Schäferhunde, das Hasi-Hasi-Gehechel der Huren, Lieder zu Drogenlieb und -leid aus Musicboxen in Kneipen, streitende Nachbarn, orientalische Litaneien und bierseliges Gelalle, ein wütend pfeifender Teekessel, den niemand von der Herdplatte nimmt, Katzenfauchen und Kinderschreie, fernes Zischen und Scharren auf den Docks und gelegentlich eine Schiffssirene.

Und Hämmern, gnadenloses Hämmern aus verschiedenen Winkeln des Hofs, wo ein Bewohner hockt und mit dem Hammer philosophiert, Schlag um Schlag ein Ding bestraft für die eigene Wut, Verzweiflung, Sinnlosigkeit, Leere und Langeweile. Glocken der Unterwelt. Ein perkussives Gebet, das nur die Ohren der anderen Elenden erreicht, die die stotternde Botschaft vervielfältigen. Um die Gerhardstraße wohnen die Behämmerten. Zwei Nervenkliniken, wird gesagt, müssen neu eröffnet werden, will man das Viertel sanieren.

Richerts Verschlag ist neun Quadratmeter groß und überreich möbliert mit Tisch, Bett, Schrank, Stuhl und einem Waschbecken, das unter dem Spiegel zwischen Lichtschlitz und Heizkörper hängt. Decke und Wände sind mit abwaschbarer Farbe in Schwimmbadtürkis bestrichen. Das unaufhörliche Rauschen der armdicken Abwasserröhren, die in den Ecken zur Decke aufsteigen und sich oben verzweigen, nährt das Gefühl, unter Wasser zu sein, ertrunken am Hafen. Im Winter versagen die Eingeweide des Gebäudes tagelang ganz.

Die Hure schiebt ihren Freier zur Flurtür, er brummt etwas, sie hüstelt. »Also bis nächsten Freitag«, ruft sie ihm nach, er stolpert die schmale Stiege hinunter, stößt an den zertrümmerten Flipperautomaten, der dort im Dunkel liegt, und flucht.

Im Hof klappert das Faktotum des Hauswirts selbstvergessen mit dem Deckel der Mülltonne. Es wartet den Freier ab, um ihn anzusprechen. Der Dialog dringt nicht bis zu Richert durch, weil ein anderer Zelleninsasse plötzlich anfängt, um sein bisschen Existenz zu heulen.

Unvermeidliches Faktotum. Eben noch öffnet und schließt es mit Andacht den Deckel der Mülltonne, zerstößt im Takt der Schlagermusik aus der Kneipe im Erdgeschoss Einwegflaschen, Polizeisirenen singen dazu, Huren trillern, dann schlurft es schon durch den Korridor, den Richert für leer gehalten hat, und steht plötzlich im Finstern vor ihm. Sein Gesicht kennt Richert nur als Schliere in den Augenwinkeln beim stummen Vorüberhasten. Ruft es angetrunken hinter ihm her, reagiert er nicht. Nur zweimal hat er gezögert, als es ihn ansprach, beide Male mit einer Todesnachricht. Den Abtransport des heroinsüchtigen

Punk, von dem Richert nicht wusste, ob Mädchen oder Knabe, und der sich durch dröhnende Bässe in der Nacht und kleine Schmerzensschreie bemerkbar gemacht hatte, beobachtete er selbst im Fenster zum Hof. Zu dem anderen Nachbarn, der sich vor eine S-Bahn geworfen haben soll, kann Richert sich keine Stimme vorstellen. Er muss hinter der Biegung des Korridors gewohnt haben, von wo kein Laut, der nicht im Hofgeviert reflektiert wird, Richerts grüne Zelle erreicht.

Während in der Kaffeemaschine das erste Gift des Tages gurgelt, wäscht Richert sich über dem Becken. Vormittags duscht er nie – zu viel Verkehr auf dem Weg zum Bad und zurück. Und die Hure wird nach jedem Freier an der Tür rütteln.

Er schlürft aus der Tasse, als erwarte er einen Stromschlag. Immerhin spült der heiße Saft den Putzlappengeschmack weg. Plötzlich donnert es im Haus, der schmutziggrüne Teppichboden unter seinen bloßen Füßen schwingt nach davon. Weiter nichts, nur hat der Schreck sein Herz gewürgt.

Gleich darauf Pochen an der Zellentür. Richert erschrickt und lauscht angestrengt. Oft schlägt man gegen seine Tür: ein Betrunkener, der sich im Stockwerk geirrt hat; ein Freier, der den Ausgang sucht; Besuch für Nachbarn, der an der erstbesten Tür klopft, um nach dem Weg zu fragen; samstags randalierende Fußballfans, die vor der Polizei in den Hof und schließlich ins Haus fliehen und Besucher markieren, wenn die Polizei ihnen folgt; zuletzt die Polizei selbst um sechs Uhr früh, zwei Drogenfahnder in Zivil, die Richert auszuhorchen versuchten, nachdem sie anmerkten, dass er »ganz ordentlich« aussehe, als überrasche es sie. Das Faktotum tritt manchmal aus Wut gegen die Tür, wenn es lange Selbstgespräche im Korridor führen muss, weil außer Richert niemand da ist.

Ich schließe meine Zelle selbst ab, denkt er, wenn er die Tür versperrt. Wer klopft, probiert in der Regel auch gleich die Klinke. Wird angeklopft, stellt er sich tot. Die meisten geben dann auf. Nur einmal hat er die Tür einen Spalt geöffnet, als das Trommeln nicht enden wollte. Draußen stand ein Betrunkener, sah das Bett und wollte sich hinlegen. Seine Hand packte die Türkante, und als kein Wort half, drückte Richert zu, bis er sich zurückzog. Der ungebetene Gast richtete seine Wut noch minutenlang gegen das Holz, bis es den Nachbarn zu viel wurde und sie den Störenfried mit einer Fluchsalve die Stiege hinunterwarfen.

Richert rührt sich nicht. Lauert draußen das Faktotum, um Lebenslaute aufzusaugen? Geht doch nicht an, dass einer von den Drogensüchtigen in seinem Loch krepiert und stinkt. Oder sich heimlich aus dem Staub macht und die Matratze mitgehen lässt. Richert hört ein schmieriges Schaben wie von Schuhen auf Linoleum.

Er steht auf und schleicht zur Tür. Er legt ein Ohr an das Holz. Er vermeint, ein Atmen zu hören. Aber angesichts des steten Rauschens der Röhren an der Zellendecke ist ein so feines, vereinzeltes Geräusch kaum zu unterscheiden.

Dann, er glaubt schon, sich getäuscht zu haben, pocht es

erneut, direkt an seinem Ohr. Er schwankt und stößt dabei gegen die Bettkante. Das Geräusch des Aufpralls verrät ihn.

»Aufmachen! Ich weiß, dass Sie da drin sind!« Eine dröhnende Männerstimme. Unerbittlich. Einschüchternd.

Richert schluckt und räuspert sich, bevor er antwortet. »Wer sind Sie? Was wollen Sie?«

»Polizei! Aufmachen!«

Richert springt zum Schreibtisch. Er nimmt die Filmdose mit dem Cannabis-Brocken, öffnet das Fenster und wirft sie auf das angrenzende Teerpappendach, von wo sie in die Dachrinne rollt. Diesen Vorgang hat er sich unzählige Male ausgemalt, seit er so unvorsichtig war, den Drogenfahndern zu öffnen. Es wird nicht leicht sein, die Dose aus der Dachrinne wieder vorzuholen.

»Sofort aufmachen!«

Richert ist jetzt etwas erleichtert. Er dreht den Schlüssel und zieht die Tür einen Spaltbreit auf.

Die Tür knallt gegen seinen Kopf, Richert taumelt rückwärts und fällt hin. Um ein Haar wäre er mit dem Hinterkopf gegen den Schreibtisch gefallen.

Wie ein Polizist sieht der Mann nicht aus, der die Kammer betritt und sich über Richert aufbaut. Uniform trägt er sowieso nicht, aber anders als die Zivilfahnder, die Richert kennt, auch keine Jeans und Turnschuhe, sondern Krawatte, gestreiftes Sakko und Weste, dazu Lederschuhe, die nicht billig aussehen. Gutbürgerlich wirkt er, wie ein Geschäftsmann.

Bevor Richert sich von seiner Benommenheit erholt hat,

tritt der Fremde mit dem Fuß zu. Er trifft den Oberschenkel, hat aber eine andere Stelle anvisiert. Instinktiv krümmt Richert sich zusammen, weniger aus Schmerz, als um die betreffende Stelle zu schützen. Schweigend tritt der Eindringling ein zweites Mal zu und trifft die Niere.

Richert schreit auf. Ächzend setzt er zu einer Beschimpfung an. Ein erneuter Tritt, diesmal an die Schulter. Tränen steigen Richert in die Augen, er jammert unartikuliert.

»Was wollen Sie?«, fragt er, aber es klingt wie ein kümmerliches Grunzen.

Der andere tritt wieder zu; Richert spürt schon nicht mehr, wohin.

»Ich mach dich fertig!«, brüllt der Angreifer.

Richert verliert das Bewusstsein. Ein Irrtum, ist das Letzte, was er denken kann.

Die Tür zu Richerts Kammer steht offen.

»Schau mal, da liegt einer«, sagt der Freier.

»Und wenn schon«, erwidert die Hure. »Komm weiter!«

Eine Stunde nach dem Überfall schlurft das Faktotum durch den Korridor. Es starrt Richert in seinem Blut an. Schließlich klopft es bei den nächsten Nachbarn. Wieder einmal hat es eine wichtige Geschichte zu erzählen. Die Nachbarn wimmeln es rasch ab. Es nimmt sich den nächsten Zelleninsassen vor und klappert noch ein paar Türen ab, ehe einer der Bewohner neugierig wird und ihm zu Richerts Zimmer folgt. Endlich wird die Polizei benachrichtigt.

Die Streifenbeamten alarmieren den Notarzt, der nur mehr Richerts Ableben feststellen kann. Ab und zu schaut ein Bewohner in den Korridor, um sich zu vergewissern, dass der Aufwand ihn nichts angeht.

Die Kriminalpolizisten machen nicht viel Aufhebens von dem Fall. Sie werfen einen knappen Blick auf die Leiche. Sie fertigen Lichtbilder an, verzichten aber auf die Sicherung von Fingerspuren. Das Faktotum erzählt ungefragt Geschichten, die sie überhören. Sie klopfen bei Nachbarn, die nichts bezeugen können.

»Eine tote Ratte mehr«, bilanziert der Ermittlungsleiter und wendet sich ab.

Peter Gerdes

Der Seelenbesorger

Peter Gerdes

Der Seelenbesorger

»Tatwaffe?«, fragte Stahnke.

»Stumpf, aber eckig«, sagte Kramer und versuchte, mit Daumen und Zeigefinger ein kleines Rechteck zu formen. »Fast wie ein Hammer, aber danach sieht die Wunde eigentlich nicht aus, sagt der Doktor. Eine Stange vielleicht.« Diesmal hob er beide Hände seitlich neben den Kopf und deutete eine Stoßbewegung an.

»Dann müsste er ja gelegen haben. Na ja, warum nicht, um drei Uhr früh.«

Hauptkommissar Stahnke hob die Schultern und presste beide Arme fest an den Körper. Ein typischer Novembermorgen, so windig, feucht und eklig, wie man ihn von Hamburg nur erwarten konnte, und er hatte sich ohne nachzudenken den Trenchcoat von der Garderobe gegriffen. Kein Wunder, dass er fror.

Der da vor ihm auf dem Betonboden unter der S-Bahn-Brücke, die hier auf lächerlich schnörkeligen Stahlgittersäulen am Rand des lang gestreckten, zugigen Platzes entlangstakste, war deutlich dicker angezogen als er. Klar, dachte Stahnke. Der hat ja auch gewusst, wo er um diese Zeit sein würde. Nur nicht, in welchem Zustand.

Er spürte den Wunsch, die Leiche mit der Fußspitze auf den Rücken zu drehen, rief sich zur Ordnung, seufzte und zog die Hände aus den Manteltaschen. Das mühsam eingesperrte bisschen Wärme nutzte die Chance und floh.

»Kalle«, sagte Kramer. Natürlich hatte auch Stahnke den Berber längst erkannt. Allein schon an den Haarzotteln, die in den Scheinwerferflecken des vorbeikreiselnden Berufsverkehrs immer wieder weißlich aufleuchteten. Hell bis auf den dunklen Fleck oberhalb der Stirn.

»Ist er gefilzt?«, fragte Stahnke.

»Komischerweise nein«, sagte Kramer und fügte hinzu: »Außer von mir.« Schließlich kannte er diesen Wortklauber von einem Chef inzwischen zur Genüge.

»Na dann«, sagte Stahnke. Hockend musterte er die gedrungen wirkende, dick vermummte Gestalt und bemühte sich, dabei möglichst nur den Hals zu bewegen, um die zögernd zurückkehrende Wärme nicht gleich wieder zu verscheuchen. Er hätte wetten können, dass Kalle eines Tages von seinesgleichen erschlagen werden würde. Aber ein Mord unter Pennern ohne Filzen war praktisch undenkbar. Vielleicht unter Volltrunkenen?

»Über hundertfünfzig Mark im Brustbeutel, 'ne Menge Münzen in den Manteltaschen, hat wohl wieder geschnorrt. Außerdem zwei volle Päckchen Tabak«, sagte Kramer.

Stahnke seufzte wieder. »Und sein Jutebeutel?«

»Der ist weg«, sagte Kramer. »So im Vorbeigehen, schätze ich.«

»Und ich schätze es gar nicht, wenn Sie schätzen.« Mit einem Seitenblick stellte Stahnke fest, dass Kramer überhaupt nicht auf sein Gemurre reagierte. Es konnte nicht mehr lange dauern, dann war sein Ruf endgültig versaut. Muffliger Miesepeter, kein Wunder, dass dem die Frau abhaut. Ärgerlich verschränkte er die Arme.

Auf diesem Platz hielten sich die Penner nur tagsüber auf, wenn es etwas zu holen gab. Zum Plattemachen war er völlig ungeeignet, trotz der Brücke. »Viel zu zugig wegen der spillerigen Pfeiler«, hatte Kalle ihnen einmal erklärt. »Außerdem geht's von den Landungsbrücken zum Spielbudenplatz direkt hier entlang. Und Taxistände sind auch ganz in der Nähe. Da kommen nachts immer welche, die einen im Kahn haben und Streit anfangen.« Tja, Kalle kannte sich aus. Und trotzdem ...

»Ist er denn überhaupt hier erschlagen worden?«, fragte Stahnke.

Kramer nickte. »Keine Transportspuren, und die Blutmenge auf dem Pflaster kommt auch hin, sagt der Arzt.«

Also tatsächlich hier. Was hatte Kalle um diese Zeit hier gemacht, wo er den Ort doch eigentlich meiden wollte? Und warum hatte er sein Geld noch, nur der Beutel mit den Flaschen und Klamotten und dem Schlafsack war weg? Wer konnte den »im Vorbeigehen« geklaut haben, wenn hier von den Einschlägigen nachts doch keiner vorbeiging? Oder klaute etwa sonst jemand Berber-Lumpen? Wenn das alles einen Sinn ergab, dann war der im morgendlichen Grau noch nicht auszumachen. Und wenn das alles nur ein einziger großer Zufall war, eine Schnittstelle von Unwägbarkeiten, die sich genau an dieser Stelle zu einem dicken Knoten verheddert hatten, dann konnten sie auch gleich ihren Bericht tippen gehen.

»Sie können ihn jetzt wegbringen«, sagte Stahnke.

Kramer winkte, und die Männer mit dem Leichenkoffer, die in respektvoller Entfernung gewartet hatten, trotteten herbei.

Mit ihnen kam ein Mann näher, dessen Gesicht Stahnke nicht sofort einordnen konnte. Da war irgendwas in der *Morgenpost* gewesen ... richtig: »Pfarrer Unter ganz unten«, diese unsägliche Schlagzeile hatte ihn tatsächlich dazu gebracht, die Geschichte zu lesen. Heinrich Unter, der neue Seelsorger, der sich besonders um die Obdachlosen in der Neustadt kümmern wollte. Blöd eigentlich, dass er seinen Namen aus der Zeitung erfahren musste, schließlich pirschte der Mann doch in seinem Revier, sozusagen. Aber das war wohl seine eigene Schuld gewesen. In letzter Zeit hatte er den Kopf einfach zu viel mit anderen Dingen voll. Nicht erst, seit Katharina das wahrgemacht hatte, womit sie ihm schon seit fast einem Jahr immer wieder gedroht hatte. Er hatte es für den reichlich theatralischen Versuch gehalten, sein längst eingetrocknetes Interesse an ihr aufzurühren. Das war es wohl auch gewesen. Und als sie vor seiner boshaften Gleichgültigkeit kapituliert hatte, war sie dann wirklich gegangen.

»Guten Tag, Herr Stahnke.« Der andere hatte seine Hausaufgaben gemacht, aber wenigstens kam Stahnke diesmal um eine Blamage herum.

»Herr Unter.«

Sie schüttelten einander die Hand und blickten sich dabei ernst in die Augen, wie es die Situation verlangte. Unters waren hellbraun. Er trug einen dunklen, unauffälligen Mantel und einen dicken Schal, der den Priesterkragen verbarg, falls da überhaupt einer drunter war. Sein Gesicht war schmal, blass und so glatt, dass Stahnke sich unwillkürlich an die stoppeligen, gefurchten Wangen griff, kaum dass sich der Pfarrer wieder der Leiche zugewandt hatte. Die Nähe von schlanken Vierzigjährigen, für die Dinge wie gute Kondition und Beweglichkeit anscheinend selbstverständlich waren, bereitete ihm immer mehr Unbehagen. Pures Schuldbewusstsein, das war ihm klar. Dass man in seinem weißblonden, kurz gestutzten Schopf die grauen Haare kaum sah, war nicht sein Verdienst. Der stetig schwellende Bauch und die Fettringe auf den Hüften aber gingen ganz klar auf sein eigenes Konto. Noch keine fünfzig und schon kurzatmig, dachte er. Saufen und fressen ist keine Lösung. Du verkommst, mein Lieber.

»Ausgerechnet Kalle.« Unters Stimme war weit voluminöser als sein Körper; auch sie war gut trainiert. »Bestimmt der beste Kopf in der ganzen Szene. Was hätte aus dem nicht alles werden können, wenn er nicht so viel Pech gehabt hätte.«

Heb dir das für deine Predigt auf, dachte Stahnke, während er beifällig nickte. Kramer grinste entschuldigend und verdrückte sich.

Klar hatte Kalle Pech gehabt – er hatte schlicht und einfach aufs falsche Pferd gesetzt. Einen so glühenden Kommunisten wie ihn hatte es wohl seit Lenin nicht mehr gegeben. Und ganz im alten DKP-Stil war ihm auch der bürgerlich-revolutionäre Spagat jahrelang gelungen: Karriere im Beruf und in der Partei, politische Ökonomie und Bausparvertrag, gleiche Bildungschancen für alle und zwei Kinder auf dem Elite-Gymnasium. Bilderbuchmäßig. Bis die Mauer fiel.

Nach 1989 hatte sich dann sehr schnell gezeigt, dass der Verstandesmensch Kalle Horneburg in Wahrheit gläubig gewesen war. Andere hatten sich mit dem, was sie zum Rückschlag auf dem Weg zur Neuordnung der Welt erklärten, arrangieren können. Für den Gläubigen Gustav Horneburg – sein Spitzname Kalle, der ihm erst vor ein paar Jahren verpasst worden war, kam natürlich von Karl Marx – brach die Welt zusammen. Und wenig später war seine eigene kleine Welt tatsächlich in Trümmer gefallen. Das ging ruck, zuck damals, dachte Stahnke. Ihn fröstelte wieder, und er dachte an Katharina.

»Sie hatten mit ihm zu tun?« Der Hauptkommissar wollte den Kirchenmann nicht gleich vergrätzen und bemühte sich, das Gespräch nicht einschlafen zu lassen.

»Oh ja, durchaus. Wirklich eine ganz besondere Erscheinung. Obwohl es natürlich auch mit ihm eindeutig abwärts ging. Er hat ja auch nicht weniger getrunken als die anderen.« Unter nickte mitleidig und schlug die Augen nieder.

Selbstgefälliger Arsch, dachte Stanke, der ihn jetzt noch genauer ansah. So hatte er sich immer einen Jesuiten vorgestellt. War das ein Lächeln da in den Mundwinkeln? Und das mit dem Trinken stimmte nicht. Kalle war ein

Rotweinzecher, der hatte den Schnaps gemieden. Der hätte noch länger etwas von seinem Kopf gehabt, wenn ihm da keiner ein Loch reingeschlagen hätte. Dämlicher Pope. Der Kalle war viel zu clever, um sich von dir zum Schäfchen machen zu lassen.

Tatsächlich hatte sich der Penner Horneburg auf seine Art stabilisiert, überlegte Stahnke. Eigentlich hätte ihm das schon längst auffallen müssen, aber hinterher war man ja immer schlauer. Seinen Tiefpunkt mit Bettelei und Diebstählen hatte Kalle hinter sich gehabt. In letzter Zeit hatte er regelmäßig seine Stütze abgeholt und sich das bisschen Geld ganz gut eingeteilt. Hatte mit ein paar anderen unter einer Fleetbrücke eine Art Windschutz gebaut und mit Sperrmüllmöbeln zum Treffpunkt ausstaffiert, hatte in Supermärkten abgelaufene Lebensmittel organisiert. Die Kollegen von der Fußstreife hatten ihm das erzählt und Kalle ausdrücklich gelobt: »Der quatscht nicht nur, der macht wirklich was.« Als Stahnke ihn vorige Woche im Sternschanzenpark getroffen hatte, dort, wo die Dealer nach der letzten Razzia ihre angestammten Plätze aufgegeben und damit ein kurzzeitiges Vakuum geschaffen hatten, in das die Penner sofort nachgerückt waren, da hatte Kalle von der neuen Berber-Zeitung geschwärmt und davon, dass er demnächst auch welche verkaufen wollte. Und auch selbst dafür schreiben. Von wegen abwärts. Der hatte doch Pläne! Die Wärme, die Stahnke jetzt spürte, rührte von aufwallender Wut her.

Unter redete weiter. »Sein Problem war, dass er die Schuld immer bei anderen gesucht hat. Gar nicht einmal nur bei anderen Menschen, das wohl auch, aber vor allem bei so abstrakten Dingen wie« – jetzt fixierte er Stahnke und griff sich an die Stirn, als müsse er seinen Kopf handgreiflich zwingen, das Absurde, das es jetzt auszusprechen galt, überhaupt zu denken – »gesellschaftlichen Strukturen, ökonomischen Zusammenhängen, antagonistischen Interessenkonflikten. Statt einzusehen, dass er erst einmal mit sich selbst ins Reine kommen muss. So kann man schließlich nicht weiterkommen, oder?« Jetzt lächelte er wieder, einen Tick herablassender als vorher.

Dich könnte ich richtig hassen, dachte Stahnke.

Er hatte oft genug mit Kalle geredet, erst dienstlich, damals, als der seinen großen Durchhänger hatte, und später auch einfach so, bei der Pommesbude mit dem Plastikvorbau. Da ging Stahnke in der Mittagspause hin und wieder essen, und wenn es kalt war, hatte er Kalle gern mit in den Windschutz genommen. Es hatte ihm Spaß gemacht, wie der fette Typ mit der fettigen Schürze hinter seinem fettigen Tresen vor unterdrückter Wut fast platzte, weil er den Penner natürlich rausschmeißen wollte, sich aber nicht traute, solange der Kriminale dabei war. Da hatte er die Veränderung deutlich gemerkt. Zuerst daran, dass Kalle plötzlich sauberer und tagsüber meist nüchtern war. Und dann hatte er sehr schnell sein Potential erkannt.

»Die Hölle habe ich hinter mir«, hatte Kalle einmal gesagt. »Und reingekommen bin ich nur, weil ich an etwas geglaubt habe, wovon ich zu wenig wusste. Natürlich dachte ich, das wär das Ende. Aber es geht immer weiter.« Und ein andermal: »Es gibt eine einfache Weisheit: Mach keinen Fehler zweimal. Der Witz ist nur, dass du oft erst hinterher merkst, dass das ja schon wieder derselbe Fehler war. Du musst lernen, abstrakt zu denken, in Strukturen, verstehst du? Dann verstehst du auch, wie das wirklich gemeint ist mit der Religion als Opium fürs Volk. Ein schönes Traumbild nehmen und auf eine Scheiß-Welt pappen! Aber mit mir klappt das nicht mehr. Ich bin jetzt so tief unten, ich schaue unter jedes Abziehbild drunter.«

Jetzt hatten sie Kalles Leiche in der mattsilbernen Doppelwanne verstaut und trugen sie weg. Die beiden Männer schauten hinterher und drehten sich unwillkürlich mit, so dass Stahnkes Blick auf Unters Nacken ruhte. Das ist wirklich keins deiner Schäfchen, um das du trauern könntest, dachte Stahnke. Dann durchzuckte es ihn: Das da war Unters Konkurrent gewesen, ein großer, vielleicht ein übermächtiger. Auf jeden Fall einer, der diesem Seelenfänger hier kräftig in die Suppe spucken konnte. Und das sicher auch getan hatte. Ihr redet nämlich wohl was daher von Nächstenliebe, aber der da hat gewusst, was das wirklich ist. Stahnke musste schlucken, und seine Augen brannten.

Der Pfarrer hatte seine rechte Hand vor der Brust unter den Mantel geschoben und drehte sich jetzt langsam herum, bis er dem Hauptkommissar wieder direkt gegenüberstand. »Es ist ja, weil diese Menschen keinen Halt haben, verstehen Sie? Und das ist eben meine Aufgabe. Sie dahin bringen, wo sie diesen Halt finden können. Das muss man ihnen manchmal ganz einfach vor Augen führen. Eben zeigen. Ein wenig sind sie ja doch wie die Kinder, nicht wahr?« Er zog die Hand aus dem Mantel und hielt einen Gegenstand vor sich hoch, dorthin, wo ihre Blicke sich kreuzten.

Es war ein Kreuz, und das überraschte Stahnke eigentlich gar nicht. Trotzdem starrte er es an wie gebannt. Es war schwarz, glatt und ziemlich groß, bestimmt länger als dreißig Zentimeter.

»Schön, nicht?« Unter lächelte; Stahnkes Staunen schmeichelte ihm sichtlich. »Schlicht und doch beeindruckend. Aus Ebenholz. Ein gutes Sinnbild für das, was ich meine.«

Das Kreuz war ohne jede Schnitzerei oder Intarsie, einfach nur ein Kreuz von vollendetem Ebenmaß. Dort, wo die beiden Kreuzbalken zusammengefügt worden sein mussten, war keine Nahtstelle auszumachen. Die Kanten waren nur ganz leicht gerundet, das Holz war wunderschön poliert und fühlte sich seidig an. Stahnke hätte nicht sagen können, wie das Kreuz plötzlich in seine Hände gekommen war. Gegeben oder genommen? Unters Gesicht wirkte gespannt. Ja, dachte Stahnke, das ist ein gutes Sinnbild. Und ein gutes Werkzeug ist es auch. Der Hammer Gottes.

Und es gab keinen Zweifel. Wenn ihn jemals ein Motiv überzeugt hatte, dann dieses. Er ließ sich nicht mehr täuschen. Er selbst gehörte doch auch zu einer Ordnungsmacht, zu einer körperlichen, die Körper schützte und Körper einsperrte. Und das da, das war die andere Ordnungsmacht, die geistige, geistliche. Ordnung und Stabilität, alles und jeder an seinem Platz. Was denn sonst?

Seelenbesorger! Du redest Gott groß, damit sie klein werden. Und ihn hast du nicht kleingekriegt, weil er schon klein gewesen war und langsam wieder groß wurde. Ganz ohne Gott. Und da hast du's ihm besorgt, mit dem Ding, mit dem sie es damals dem besorgt haben, auf den du dich berufst. Aber mit dem hast du doch gar nichts zu tun. Du stehst bei denen, die das Kreuz aufgerichtet haben, damals. Und du hast es wieder getan. Du hast es getan.

Stahnke hatte den Mund schon offen, als Kramer plötzlich wieder da war, hinter sich zwei Mann von der Fußstreife, zwischen denen eine hagere Gestalt taumelte.

»Den haben wir direkt aus Kalles Schlafsack gepellt«, sagte Kramer. Er hielt einen Jutebeutel hoch: »Auch Kalles. Hatte er bei sich. War besoffen, hat seinen Platz und seinen eigenen Kram nicht mehr gefunden, hat gefroren, wollte weitersaufen. Der Hammer war in dem Beutel, voller Blut. Fiese Sache.«

Stahnke schaute ihnen noch nach, als der grünweiße Bulli längst verschwunden war, und rührte sich erst wieder, als Unter ihm das Kreuz mit Nachdruck aus den Händen drehte. Der Pfarrer grüßte kurz, ging und sah sich nicht mehr um.

Schade, dachte Stahnke.

Petra Oelker

Leblose Materie

Petra Oelker

Leblose Materie

Ich hatte nicht geplant, meinen Mann zu töten. Es hat sich so ergeben. Und wer weiß, wie die ganze Sache geendet hätte, wenn ich nicht gleich danach in diese Schießerei geraten wäre. Es ist erschreckend, wie die Kriminalität in unserer Stadt zugenommen hat. Wahrscheinlich fing alles damit an, dass ich die neuen Schuhe mit den hohen Absätzen anzog. Ich bin mir allerdings immer noch nicht sicher, ob es tatsächlich ein Mord war. Eigentlich war es ein Unfall. Aber ganz bestimmt, das muss ich zugestehen, ein Akt extremer Illoyalität.

Ich erinnere mich noch, wie ich auf dem Anleger stand und dieses Wort halblaut sprach: Illoyalität. So wie man eine neue Vokabel für sich wiederholt, damit sie sich einprägt. Gerold hatte dieses Wort oft benutzt. Meistens, wenn jemand etwas tat, das ihn störte.

Ich war immer loyal. Dreizehn Jahre lang. Ich hatte mich daran gewöhnt.

An diesem Abend war er blendender Laune (er wusste ja nicht, dass es sein letzter war).

»Ein Samstagnachmittag auf dem Golfplatz«, sagte er, »und der Bürostaub ist weg. Zieh dir was an, wir fahren nach St. Pauli.«

Ich ging in unser Schlafzimmer hinauf und zog mir etwas an, das Schwarze mit den Satin-Revers, passend für jede Gelegenheit, und kehrte zurück in die Halle.

Er sah das Kostüm, die Schuhe mit den hohen Absätzen und runzelte die Stirn.

»Zieh wenigstens den dicken Mantel an. Es ist kalt auf den Landungsbrücken, und ich möchte nicht wieder ständig von deinem Husten gestört werden.«

Er klappte die Fototasche, deren Inhalt er gerade inspiziert hatte, zu, nahm den Autoschlüssel von der Konsole und verschwand durch die Tür, die am Ende des Flures zur Garage führte.

»Nimm ein großes Kopftuch mit«, rief er noch über die Schulter.

Ich nahm das Kopftuch und die Fototasche, folgte ihm und überlegte für einen kurzen Moment, ob ich enttäuscht war. Wahrscheinlich nicht (ich war nie ganz sicher über meine Gefühle). Ich spürte keinen Hunger. Es machte nichts, wenn wir in zugigen Winkeln nach Motiven suchten, anstatt in dieses Restaurant mit den roten Wänden zu gehen, in dem nett angezogene Menschen angeregt miteinander plauderten, aßen und tranken, während italienische Arien aus der Musicbox schmetterten. Er hatte in den letzten Tagen immer wieder vom Hafen gesprochen. Wortgebilde wie ›faszinierende nächtliche Industrielandschaft‹, ›schillerndes Spiel der Farben‹ oder ›Licht-Schatten-Effekte‹ kündigten eine Foto-Expedition deutlich an. Ich hatte nur versäumt, darauf zu achten.

Als ich mich zu meinem Mann ins Auto setzte, fiel mir ein, dass ich an diesem Tag irgendetwas vergessen hatte. Aber es war nur ein kurzer Gedanke, flüchtig wie ein Hauch. Überraschend angenehm. Sicher war es nicht wichtig.

Gerold bezeichnete sich gern als einen leidenschaftlichen Menschen. Es stimmte. Er pflegte zahlreiche Leidenschaften, allerdings nie mehrere gleichzeitig, sondern immer eine nach der anderen. Er hielt das für ökonomisch: eins nach dem anderen, aber gründlich. Das war eine seiner Devisen. Für alle Lebensbereiche.

Im Laufe unserer gemeinsamen Jahre pflegte er zuerst die Leidenschaft, mit meinem »bisschen Geld« eine Firma aufzubauen und ein ansehnliches Vermögen zu machen. So leidenschaftlich, dass er sich die Verfügungsgewalt darüber vorbehielt. Er entbrannte auch für ein sehr einsam gelegenes Haus im spanischen Hinterland, in dem wir den Urlaub einiger Jahre mit Instandsetzungsarbeiten verbrachten, schließlich für Schiffsmodelle, die er aus mehr als tausend Einzelteilen zusammensetzte, für brasilianische Schmetterlinge (nur tot und getrocknet) und zuletzt für das Fotografieren. Um nur die dauerhaftesten aufzuzählen.

Eine verhältnismäßig kurze Leidenschaft fühlte er auch für mich (im ersten Jahr unserer Ehe) und für Marianne (ich glaube, im achten Jahr). Aber im Prinzip zielte seine Leidenschaft auf leblose Materie. Wegen der Berechenbarkeit, denke ich. Aber sicher weiß das niemand. Und ihn kann man nicht mehr fragen.

Aber ich schweife ab. An diesem Abend, es war später November und tatsächlich recht kalt und windig, in den letzten Nächten hatte es sogar schon gefroren, ging es also nach St. Pauli. Er fuhr die Reeperbahn hinunter, und ich betrachtete durch die Windschutzscheibe das Gewimmel der Menschen und die irritierenden Lichter an den Fassaden der Theater und Vergnügungslokale. Gerold lenkte den Wagen langsam – am Samstagabend sind die engen Straßen des Kiezes immer von Autos und achtlos auf die Straße laufenden Touristen verstopft – in die Davidstraße und kreuzte die Bernhard-Nocht-Straße. Er war ärgerlich, weil die Baulücke oberhalb der Hafenstraßenhäuser nun geschlossen war. »Von hier«, grollte er, »war der Ausblick am schönsten.« Ich nickte stumm.

Er fand einen Parkplatz am Alten Elbtunnel, und wir gingen hinunter auf Brücke 4. Die Landungsbrücken lagen verlassen. Gerold sah sich um, runzelte die Stirn und eilte mit hochgezogenen Schultern weiter stromabwärts. Die Souvenir- und Imbissbuden, die Ticketschalter für die Fähren und das kleine Fischrestaurant waren schon geschlossen. Erst am Ende des Anlegers blieb er stehen. Als ich ihn eingeholt hatte, zeigte er auf die Tasche, und ich öffnete sie. Er nahm das neue Objektiv heraus – ich habe keine Ahnung, was für eines es war – und setzte es behutsam, ja liebevoll auf die Kamera.

Für mich war es sehr viel angenehmer, als er Schmetterlinge sammelte. Die sortierte und katalogisierte er an dem großen Tisch im Wintergarten. Ich stellte nur die Kästen aus federleichtem Balsaholz auf das Regal. Die Fototasche hingegen war sehr schwer, und wenn er wie heute das Stativ brauchte – Nachtbilder erfordern eine lange Belichtungszeit –, hatte ich wirklich viel zu tragen. Warum er seine Utensilien nicht selber trug? Ich bitte Sie! Er konzentrierte sich voll und ganz auf die Suche nach Motiven. Ab und zu formte er die gespreizten Zeigefinger und Daumen zu einem imaginären Bildausschnitt, um die Wirkung eines Motivs zu prüfen. Dazu musste er natürlich immer beide Hände freihaben.

An diesem Abend brauchte er mich nicht nur als Trägerin, sondern auch als Atmosphäre. So nannte er es. Wir standen auf dem Anleger, der leise schaukelte, weil er wegen des Tidenhubs aus Pontons gebaut war. Ich fand das sehr angenehm, obwohl es sicher Gerolds Konzentration störte.

Über den mondlosen Himmel jagten düstere Wolkenfetzen, aber die Docks und der Containerterminal waren hell erleuchtet. Blau schillernde Blitze tanzten in grellweißen Lichtkegeln auf dem Überseeriesen in Dock 4. Die Schweißer arbeiteten auch in Wochenendnächten. Auf den Kais weiter stromabwärts Richtung Altona eilten seltsam eckige Kräne und Transporter wie monströs mutierte Insekten durch eine orangefarben beleuchtete Nachtwelt. Eine Welt, die frei von Geräuschen schien, der eilige Südost wehte jeden Laut stadtauswärts.

Und mitten in diesem Bild der Farben und Bewegungen stand Gerold, eine schwarze Silhouette mit gespreizten Beinen und zum Rechteck vorgestreckten Fingern.

»Binde das Kopftuch um«, rief er, ohne sich zu mir umzudrehen. »Ich brauche dich gleich. Nein!!« Ich war einen Schritt auf ihn zugegangen. »Jetzt doch noch nicht.«

Gerolds Fotos schmückten unser ganzes Haus. Ich war auf vielen zu sehen, was aber niemand bemerkte, denn er fotografierte nie mein Gesicht. Die eilige Gestalt vor Sacré-Cœur (auf der Durchreise nach Spanien), das wehende Haar auf der Brücke von Avignon (immer noch auf der Durchreise nach Spanien) oder die Hand, die in einem Straßencafé in Barcelona (in Spanien angekommen) das Rotweinglas gegen das Licht hält, das war ich. Gerold fotografierte keine Menschen, sondern Impressionen, und ich hatte gelernt, als ein Teil davon stillzuhalten.

Was sollte ich heute sein? Mir fiel keine Antwort ein (wie üblich), aber wieder dachte ich daran, dass ich etwas vergessen hatte, und spürte ein sehr fremdes ... ein sehr fremdes ... Was? Tatsächlich. Ein Gefühl. Es war nicht unangenehm. Fremd, aber ... Ich suchte nach einem Wort. Frisch. Ja, das war das richtige Wort. Ein seltsames Wort. Frisch. Erfrischend.

»Träum doch nicht«, rief Gerold gegen den Wind, »stell dich neben den Poller. Mein Gott! Du hast ja das Stativ noch nicht aufgebaut. Du bist aber auch unselbständig. Neinnein, ich mach das lieber selbst. Dann steht es wenigstens richtig.«

Er hatte ja Recht. Was täte ich ohne Gerold!

Irgendetwas in meinem Kopf wischte das Ausrufezeichen weg und setzte ein Fragezeichen an seine Stelle. Und schob, ganz selbständig, eine Antwort nach: Ich säße in einem Restaurant mit nett angezogenen Menschen, angeregt plaudernd, essend und trinkend. Ich würde nie mehr nach Spanien fahren. Nie mehr ...

»Los«, rief Gerold. »Sonst machen die da drüben noch die Lichter aus, und ich habe umsonst hier in der Kälte gestanden.«

Ich betrachtete meinen Mann: Nicht groß, nicht klein, nicht dick, nicht dünn, sein Gesicht war dreieckig, unten das spitze Kinn, darüber der Mund, dessen Lippen mit den Jahren immer schmaler wurden. Im Gegenlicht sah ich, dass aus seinem linken Nasenloch einige schwarze Haare ragten. Er trug einen sehr teuren dunkelblauen Mantel, aber an ihm sah er nicht teuer aus. Sein mattbraunes Haar war sehr kurz geschnitten. Damals war es mir kastanienfarben erschienen, ich war wirklich verliebt, als wir heirateten. (Ich glaube es jedenfalls. Wie gesagt kannte ich mich mit meinen Gefühlen nicht so genau aus.) Wir waren beide schon über die Dreißig und vernünftige Menschen. Ich fand ihn attraktiv. Und ungeheuer tüchtig. Mich beeindruckte, dass er mich einfach heiratete, ohne viel zu fragen. Obwohl ich überhaupt nicht attraktiv war (glauben Sie mir, heute sehe ich das ganz anders!), zu dünn und – vor allem – einige Zentimeter größer als er. Im Grunde also unweiblich, wie Gerold hin und wieder betonte. Dabei tätschelte er gewöhnlich meine Wange. Nun sah ich ihn an und dachte an die Schmetterlinge, die er tot und getrocknet, jeden für sich auf eine kleine Nadel gespießt, in den Kästen im Keller aufbewahrte.

Er hatte das Stativ nun aufgebaut und rückte es so nahe wie möglich an die Kante des Anlegers. Der schwankte leise. Gerold machte ein paar Aufnahmen, an der Haltung seines Rückens erkannte ich, dass er unzufrieden war.

»Komm her!«, rief er, während er behutsam die Kamera wieder abschraubte.

»Halt mal. Und bloß nicht fallen lassen.«

Er zog den Gürtel seines Mantels enger um die Taille, verknotete ihn zweimal fest und griff wieder nach der Kamera. Noch einmal prüfte er den Gürtel, sah durch den Sucher und nickte – endlich – zufrieden.

»Halt mich am Gürtel«, er zeigte mit der freien Hand auf seinen Rücken, »mit beiden Händen. Und guck nicht so erschrocken, ich will mich nicht über die Kante beugen, aber ich muss mich doch ein bisschen vorlehnen, und dieses Scheißding von Anleger schwankt. Halt einfach nur den Gürtel fest, aber zerr nicht an mir rum. Ich will die leichte Unschärfe durch das Schwanken, aber keine total verwackelten Bilder.«

Es war lange her, dass ich erschrocken geguckt hatte. Oder böse oder fröhlich oder sonst irgendwie besonders, und genau in dem Moment fiel mir ein, was ich am Morgen vergessen hatte.

Ich hielt ihn fest, mit beiden Händen, und als Gerold genug fotografiert hatte, trat er einfach einen Schritt zurück. Dabei schubste er mich zur Seite. Wie einen Hocker, der im Weg steht. Vielleicht hätte er das nicht tun sollen. Heute glaube ich, dass eine Kleinigkeit, die wir tun, ohne es zu bemerken, über lebenswichtige Dinge, ja über Tod und Leben entscheiden kann.

»Da kommt ein Containerschiff«, sagte ich und reckte

mich ein wenig, »das sieht sicher gut aus. So ein dunkler Riese vor all den Lichtern.«

Die kleine Spanne, die ich größer war als er, ermöglichte mir den Blick über den Kistenstapel, der ihn nötigte, sich über den Anleger hinauszubeugen.

»Samstagnacht?«, knurrte er und blinzelte mich abwehrend an, denn er war Ratschläge von mir nicht gewöhnt. »Wahrscheinlich siehst du mal wieder Gespenster. Aber los, halt fest.«

Als er meine Hände in seinem Rücken spürte, die Hände, die seinen Gürtel hielten, beugte er sich vorsichtig und nur ganz leicht vor, die Kamera vor dem rechten Auge, den Finger auf dem Auslöser.

Ich weiß nicht, ob er noch erkannte, dass ich tatsächlich nur Gespenster gesehen hatte. Ich stieß ihn nur ganz leicht. Das genügte.

»Sybille«, schrie er, als er fiel, es war nicht sehr tief, aber ich sah noch, dass er im Fallen die Kamera hochhielt. Es nützte nichts. Sie ging mit ihm unter. Bei der Obduktion wurde später festgestellt, dass er nicht auf das Ertrinken warten musste, er starb sofort am Kälteschock. Wie gesagt, es hatte in den letzten Nächten schon gefroren, und das Wasser war eisig.

Im ersten Moment spürte ich nur Verwirrung. Gerold war weg. Er war immer da gewesen, mehr als dreizehn Jahre lang. Und nun? Ich sah über den Rand des Pontons, der war nass und ein wenig glitschig. Nur Wasser, schwarz und glänzend. Zwei Pappbecher schaukelten sanft auf der Oberfläche. Sonst nichts.

Was sollte ich tun? Natürlich muss man, wenn ein Unglück geschehen ist, Hilfe holen. Wo? Mitten in einer Millionenstadt, aber weit und breit kein Mensch.

Doch, einer war da. Ich wusste nicht, ob er schon lange dort stand. Lange genug? Er trug einen kurzen Mantel, schwarz wie die Schatten der Buden auf den Pontons, sein Haar schimmerte blond. Oder weiß? Er trat langsam einen Schritt vor, und ich sah sein Gesicht im Schein einer flackernden Neonröhre. Sein Lächeln bewies, dass er schon lange da war, lange genug. Das erkannte ich sofort, obwohl ich nie zuvor so ein Lächeln gesehen hatte. Wissend, siegreich, berechnend? Vielleicht gibt es gar kein passendes Wort für so ein Lächeln. Aber es zeigte, dass er wusste, was geschehen war, und dass er einen Plan hatte. Er kam noch einen Schritt näher. Was sollte ich tun?

Ich tat, was ich immer getan hatte, wenn mir etwas Unerwartetes begegnete: Ich ignorierte ihn. Auf diese Weise hatte ich dreizehn Jahre mit Gerolds Wandlung vom Liebhaber zum Sammler toter Materie überlebt, und er war schließlich erst seit ein paar Minuten nicht mehr da. So schnell ändert sich niemand.

Also machte ich mich auf den Weg zur Davidswache. Ich überquerte die Hafenrandstraße und stieg die Davidtreppe hinauf. Meine Füße wussten ganz von selbst, was zu tun war. Hinter mir in der Dunkelheit hörte ich ihn. Seine Schritte und das Tock-tock-tock seines Stockes. Es musste ein Stock sein. Was sonst? Ich ging rasch, aber nicht schnell. Er holte mich nicht ein, aber er blieb auch nicht zurück. Das schien zu seinem Plan zu gehören. Er kam nicht näher, war aber immer da. Mit diesem Tock-tock-tock.

Die Lichter der Davidstraße empfingen mich wie eine warme Welle. Aus dem Imbiss roch es nach Fett, und die beiden Mädchen, die in knappen Minis an der Wand lehnten und rauchten, rochen intensiv nach orientalischem Parfum. Ich genoss diese Gerüche, ich sog sie ein wie eine Erstickende frischen Sauerstoff. Aus der geöffneten Tür des Restaurants mit den rot bemalten Wänden drang mit melodisch krächzender Stimme ein alter italienischer Schlager.

Ich blieb stehen und putzte mir die Nase. Ganz leise, nur mit einem sanften Schnauben, wie es meine Art war. Auch das Tock-tock-tock blieb stehen. Wenn Gerold sich die Nase putzte, klang es wie das Triumphgetöse eines Panzernashorns. Wahrscheinlich findet er das männlich, dachte ich. FAND er das männlich, korrigierte ich gerade die Grammatik meiner Gedanken, als der erste Schuss krachte.

Ich lebe in einer ordentlichen Gegend, schon seit meiner Geburt, und kannte Schüsse bis zu dieser Nacht nur aus Filmen. Trotzdem wusste ich sofort, dass es einer gewesen war. Ich hörte Menschen rufen, schreien, wieder krachte es, metallbeschlagene Stiefel rannten hart über das Pflaster. Der nächste Schuss traf mich. So etwas geschieht eben irgendwann, wenn man Unerwartetes einfach ignoriert. Ich spürte meine Knie langsam einknicken, spürte das nasse Trottoir an meinen Beinen, meinen Händen, meinem Gesicht. Der Schmerz war entsetzlich, trotzdem schien er nicht zu mir zu gehören. Wie aus der Ferne hörte ich wieder ein Krachen, noch eines, ein kleines, leeres Geräusch folgte, und ich sah einen Stock, der neben mir über die Steine glitt. An seinem Griff klebte Blut. Das war das Letzte, was ich sah.

Ich war nicht tot. Die Kugel hatte nur meine Schulter getroffen.

»Glück gehabt«, sagte der Arzt, ein wirklich schöner junger Nigerianer, der sich über mich beugte, als ich wieder erwachte.

»Gerold«, flüsterte ich, »Gerold ist tot. Ich wollte Hilfe holen.«

Er sah auf eine Liste, die er in seiner linken Hand hielt, runzelte die Stirn und sagte: »Machen Sie sich keine Sorgen. Von den Verletzten heißt niemand Gerold, auch der Tote nicht.«

Der Tote hieß Johnny Babel. Ein Kranführer, aber seit ein Betonblock sein linkes Bein zerschmettert hatte, schlug er sich als Frührentner und Gelegenheitshehler durch. Das Geschäft seines Lebens konnte er nicht mehr machen, es hatte ihn schon das Leben gekostet.

Ich war der Mittelpunkt des Mitleids in der Stadt: Mein Gatte war verunglückt, ich musste hilflos zusehen, wie er ertrank (wieder forderte die empörte Öffentlichkeit mehr Rettungsringe an den Landungsbrücken), und bei dem Versuch, Hilfe zu holen, fand ich beinahe selbst den Tod.

Mein Bild war in allen Zeitungen. Ich verweigerte keinem der vielen Fotografen mein Porträt.

Heute lebe ich sehr angenehm. Ich hätte nie gedacht, dass es mich glücklich machen würde, eine Firma zu leiten. Der Erfolg beflügelt mich, und ich gelte als kühne, gleichwohl kluge Unternehmerin. Seit einiger Zeit habe ich einen neuen Liebhaber, in wenigen Wochen starten wir zu einer Tour durch New Mexico. Ich wollte schon immer in den Wilden Westen, ich hatte es – an Gerolds Seite – nur vergessen.

Ich vergaß damals viel. An jenem Tag sogar diese winzigen blassgrünen Tabletten, die mir mein Hausarzt (Gerolds Golfpartner) regelmäßig verschrieb, seit ich zwei Jahre zuvor einige völlig unvernünftige Verhaltensweisen gezeigt hatte, deren Schilderung hier zu weit führen würde.

Gerold ruht im Schatten einer kleinen unordentlichen Trauerweide unter einem schlichten Grabstein mit der Aufschrift ›Auf ewig‹. Manchmal, vor allem in kalten mondlosen Nächten, träume ich von ihm. Die Tür geht langsam auf, und er tritt ein, die Kamera in der Hand, den Gürtel fest verknotet um die Taille. Er sieht mich nicht an, legt mir einfach die Kamera in die Hände, streckt sich neben mir aus und schläft ein. Das ist alles.

Es ist ein sehr kalter Traum. Ich habe allerdings das Gefühl, dass er blasser wird. Und viel weniger kalt. Sicher wird er bald ganz ausbleiben.

Eva Scheller

Kopflos am Kanal

Eva Scheller

Kopflos am Kanal

Sandmann hatte sich sehr um die Karten für den »Hamburger Jedermann« bemüht. Er wusste zwar nicht, ob er Rolf Becker mochte, aber seine Frau hatte ihm schon lange mit dem Wunsch in den Ohren gelegen, Rolf Becker und die Freilichtaufführung in der Speicherstadt zu sehen. Zehn Minuten vor Beginn der letzten Vorstellung der Saison, für die Sandmann Karten ergattert hatte, fing es an zu regnen. Die Frau am Getränkestand beruhigte ihn und meinte, es hätte jeden Abend geregnet, trotzdem sei jeden Abend gespielt worden.

Während sie noch sprach, wurde der Regen zum Wolkenbruch. Jedermann fiel ins Wasser. Nächsten Sommer wird es klappen, versprach Sandmann seiner Frau. Nächsten Sommer.

Sandmann parkte den Wagen vor der St. Katharinenkirche und überquerte den Zollkanal. Der Nieselregen wurde dichter. Durch die Speicherstadt wehte ein heftiger Wind. Sandmann machte sich nicht einmal die Mühe, den Mantelkragen hochzuschlagen. Er steckte die Hände in die Taschen und fragte sich, warum er den Fußweg über die Jungfernbrücke gewählt hatte. Man hatte die Leiche bei Block Q gefunden. Sandmann las auf einem Straßenschild »Neuer Wandrahm«. Nach ein paar weiteren Schritten sah er Block Q, das blaue Schild »Polizei« an einem schmucklosen, quadratischen Haus und Schwarz, der ihm zuwinkte. Es fing stark zu regnen an. Sandmann stellte sich neben Schwarz in die Eingangstür. Das half nicht viel, denn der Wind peitschte den Regen schräg in den Türrahmen hinein. Zum dritten Mal ging das Feuerzeug aus, mit dem Schwarz sich eine Zigarette anzünden wollte. Sandmann beobachtete Schwarz schweigend und sagte schließlich: »Ich dachte, du hast damit aufgehört.«

»Heute nicht«, knurrte Schwarz. »Das ist eine verdammte Scheiße hier.« Er warf das Feuerzeug zu Boden und die Zigarette hinterher. »Sie haben ihn in einer Mülltonne gefunden. Die Mülltonne hing an einem Haken. Die sind hier überall.« Schwarz deutete neben sich. Sandmann sah über jedem Eingang des Gebäudes einen großen Metallhaken an einem dicken Seil, dessen oberes Ende unter einem spitzen, vorspringenden Zierdach befestigt war.

»Externer Lastenaufzug.«

»Ja.« Schwarz nickte. »Eigentlich hätte das heute keinem auffallen dürfen. Mülltonnen gehören zwar nicht an diese Haken, doch die Speicherstadt ist am Sonntag ziemlich ausgestorben, abgesehen von ein paar Spaziergängern, aber bei dem Wetter. Ja und dann ist da dieser Lagerarbeiter, der vergisst gestern seine Geldbörse im Spind und kommt heute ganz früh, um sie zu holen, und denkt, was zum Teufel diese Jugendlichen für Blödsinn machen, und holt die Tonne vom Haken, und als die umfällt, muss er erst mal kotzen.«

Der Wind ließ etwas nach. Der Polizeiarzt richtete sich auf und trat zu Sandmann und Schwarz in den Eingang.

»Kann nicht allzu viel sagen. Immerhin bin ich mir sicher, dass es sich um einen Mann handelt. Todeszeit – Fragezeichen. Todesursache – Fragezeichen. Jedenfalls hat er keinen Kopf mehr. Alles weitere nach der Autopsie.«

Sandmann hockte sich neben den Toten und schlug die Plane zurück. Graues Jackett, graue Hosen, weißblau gestreiftes Hemd und dunkelblaue Krawatte, auf der weinrote Punkte schwebten. Als hätte sich der Tote für einen offiziellen Anlass gekleidet. Der Hemdkragen zeigte eine dünne Spur Blut. Und an der Stelle, wo man den Kopf erwartete, war einfach nichts.

»Hunde«, überlegte Sandmann. »Vielleicht brauchen wir Hunde. Ich weiß nicht, ob sie bei dem Regen eine Witterung aufnehmen können. Jedenfalls wird es ewig dauern, das ganze Gelände abzusuchen.« Sandmann machte eine vage Geste mit der rechten Hand, die alle Speicher- und Kontorhäuser mit ihren Giebeln, Erkern, Spitztürmchen und Dachzinken zu umfassen schien.

Auf dem Areal hatten einmal zwanzigtausend Menschen gewohnt. Sie waren zwangsumgesiedelt worden, damit sich die Stadt die Vision eines modernen Lagerviertels erfüllen konnte. Über hundert Jahre war das her, doch Sandmann schien es, als habe sich seitdem nichts geändert in der Speicherstadt. Ein Schiffssignal ertönte, eine Schaluppe passierte den Zollkanal.

»Wenn der Kopf ins Wasser geworfen wurde, werden wir ihn kaum finden.«

Sandmann fuhr sich durch die feuchten Haare. Es war Juli, obwohl man kaum glauben mochte, dass Sommer sein sollte. Bald würde am Kehrwieder Brook Rolf Becker wieder den »Hamburger Jedermann« geben. Wenn sie den Kopf nicht fanden, müsste Sandmann während der ganzen Vorstellung darüber nachdenken, wo ihn der Mörder entsorgt haben mochte.

»Kopflos am Kanal«, murmelte Schwarz. Zwischen seinen Lippen klebte eine Zigarette, die nicht brannte.

»Fleet«, verbesserte der uniformierte Kollege, der für die Tatortabsperrung zuständig war, aber nichts zu tun hatte. Weit und breit war kein Schaulustiger zu sehen.

Schwarz musterte den Mann misstrauisch und verkniff sich die Frage, was der Unterschied zwischen einem Kanal und einem Fleet sei. Künstlicher Wasserlauf ist künstlicher Wasserlauf, dachte er trotzig. Schwarz war Schwabe und, wie ihm schien, vor ewiger Zeit einer Freundin zum Studium nach Hamburg gefolgt. Die Liebe zerbrach, und er landete bei der Kripo. Er hasste es, etwas nicht zu verstehen, weil er aus dem Süden kam.

Sie brauchten doch keine Hunde. Schwarz hatte, bevor Sandmann eintraf, vier Streifenpolizisten losgeschickt. Zwei waren Richtung Block W gelaufen und bereits ergebnislos zurückgekehrt. Die beiden anderen gingen über den Brooksfleet zu Block D. Beim letzten Eingang von Block D baumelte der eiserne Haken des Lastenaufzugs in etwas mehr als zwei Metern Höhe. Die Einzelheiten sahen sie erst, als sie näher kamen. Was sie schon von weitem sahen, war ein blauer Müllsack, auf dem ein säuberlich verschnürtes Paket lag.

Sandmann legte langsam den Hörer auf die Gabel.

»Und?«, fragte Schwarz schließlich in das Schweigen hinein.

»Der Kopf gehört nicht zur Leiche.«

Sandmann setzte sich hin. »Sieht so aus, als gäbe es noch eine Leiche ohne Kopf. Sie haben ihn anhand der Fingerabdrücke identifiziert«, fügte er müde hinzu. »Er ist einer von uns. Kurt Maak, Betrugsdezernat. 42, geschieden, kinderlos.«

»Scheiße«, sagte Schwarz. »Wird jemand von den Kollegen vermisst?«

»Ich weiß nicht. Ich werde Walter darauf ansetzen. Der hat lange genug einen freien Sonntag gehabt.« Sandmann griff wieder zum Telefon. »Und du kümmerst dich darum, dass wir an die Akten rankommen, die Maak bearbeitet hat.«

»Glaubst du an Rache? Mein Gott, den Kopf abhacken und das nicht nur einmal!«

»Die Köpfe wurden geradezu kunstvoll vom Rumpf getrennt. Das kann man an Maaks Hals sehen und an dem Kopf, der nicht dazu passt.«

»Ob er schon tot war, als man ihn ...?«

Sandmann zuckte die Schultern. »Der Medizinmann

meint, er war vielleicht betäubt. Jedenfalls ist er heute Nacht gestorben. Der Kopf von Block D ist seit mindestens drei Tagen tot.« Sandmann wählte. »Genaueres nach den chemischen Analysen.«

Christian Carstens hatte nichts dagegen, an einem Sonntag zu arbeiten. Das gehörte zu seinem Beruf. Er nahm einige Korrekturen an den Liliengestecken vor, die in der Eingangshalle arrangiert waren. Dann warf er einen Blick auf seine Armbanduhr. Der Klient verspätete sich. Auch das gehörte zum Geschäft. In einem der seitlichen Räume war der schwere Eichensarg aufgebahrt, der morgen beerdigt werden musste. Carstens dachte nur an die Beerdigung der Särge. Dass darin Menschen lagen, hatte er vor langer Zeit vergessen. Er warf einen Blick auf das glatt polierte Holz und die Messinggriffe. Carstens fand, das Modell sah stattlich und gediegen aus, ohne protzig zu wirken. Mit einem weichen Tuch wischte er ein unsichtbares Staubkorn vom Sargdeckel, als er bemerkte, dass der Sarg nicht verschlossen war.

»Wer außer Ihnen hat Zugang zu den Räumen?«

Sandmann betrachtete den dünnen Mann, dessen dünnes graues Haar glatt nach hinten gekämmt war. Er trug einen dunklen Anzug und eine schwarze Krawatte. Die Hände hielt er gefaltet in seinem Schoß, und während er überlegte, studierte er die Spitzen seiner glänzenden schwarzen Schuhe. Wenn er sprach, war seine Stimme fein moduliert, sanft, salbungsvoll, verhalten. Sandmann konnte seine Ungeduld kaum zügeln, denn mittlerweile kam er sich vor wie ein trauernder Hinterbliebener, und das machte ihn wütend.

Sandmann hatte die Nachricht zunächst nicht verstanden. Doch schließlich begriff er und sah den Zusammenhang mit dem Fall Maak. Dann waren sie in das Beerdigungsinstitut Carstens & Söhne (seit 1880) mit der üblichen Tatortmannschaft eingefallen wie ein Heuschreckenschwarm. Carstens in seinem gedämpften Totenreich mit den weißen Lilien in den weißen Marmorurnen ließ sich davon nicht weiter beeindrucken. Er gab lediglich zu verstehen, wie unpassend die Angelegenheit sei. Die Polizei im Haus zu haben war schlecht fürs Renommee. Das musste man nicht aussprechen.

Carstens hatte Sandmann erklärt, dass der Tote am Samstag in den Eichensarg gelegt und der Sarg ordnungsgemäß verschlossen worden war. Natürlich hatte der Tote zu diesem Zeitpunkt seinen eigenen Kopf gehabt. Als Carstens vor etwa zwei Stunden den Deckel des plötzlich nicht mehr verschlossenen Sargs öffnete, sah er einen anderen Kopf darin. Der Kopf des Toten war verschwunden.

Carstens' Augen suchten den Weg von seinen Schuhen zu Sandmanns Gesicht. »Drei Mitarbeiter, eine Putzfrau. Die kommen jeden Wochentag und manchmal auch am Wochenende, je nachdem, was so anliegt. Meine Familie. Obwohl keiner von ihnen hier arbeitet, haben sie alle einen Schlüssel.«

»Wer gehört zu Ihrer Familie?«

Diesmal kam die Antwort erstaunlich schnell. »Meine Frau, meine Tochter und mein Sohn.« Carstens lachte leise auf. »Mein Sohn hat sicher nichts mit der ganzen Angelegenheit zu tun. Der ist selber bei der Polizei.«

Es war kurz vor Mitternacht. Schwarz klappte die letzte der Akten zu, die er aus Maaks Büro geholt hatte.

»Bei dir was?« Sandmann gähnte.

»Ich glaube nicht. Allerdings hat einer der Fälle mit der Speicherstadt zu tun. Ein Teppichhändler, der seine Sachen in Block P lagert, soll Einfuhrpapiere und Gutachten gefälscht und ein paar billige Brücken als antike Raritäten verkauft haben. Sieht nicht nach einem Grund aus, einen Mord zu begehen und zwei Leichen den Kopf abzuschneiden.«

»Wir müssen trotzdem mit dem Mann reden. Ob sie Steffen Carstens schon gefunden haben?«

»Wenn das mit der Rechtshilfe klappt, fahren jetzt ein paar missmutige Carabinieri in rostigen Fiats auf der Suche nach Carstens die Campingplätze am Garda-See ab. Meinst du, der Urlaub hat ihm das Leben gerettet?«

Sandmann rieb sich die Augen. »Maak und Carstens waren ein Team. Wenn Maaks Tod mit ihren Ermittlungen zusammenhängt, steht vielleicht auch Carstens auf der Liste.«

Schwarz fluchte, weil er sein Feuerzeug nicht fand. Sandmann fluchte, weil der Besuch bei dem verdächtigen Teppichhändler ein Reinfall gewesen war. Die überraschende Nachricht, dass Steffen Carstens bereits auf dem Weg nach Hamburg sei, besserte ihre Laune, aber dann trat der kleine Chef in das Zimmer. Keiner seiner Beamten mochte ihn, doch Sandmann konnte den Leiter der Mordkommission entschieden nicht ausstehen. Er hielt ihn für einen Parteigünstling, der keine Ahnung vom Metier hatte und die Mordkommission lediglich als Zwischenstufe auf der Karriereleiter betrachtete. Schwarz fand Sandmanns Kritik übertrieben, der kleine Chef war kein schlechter Polizist, wenn auch ein aufgeblasener Wichtigtuer. Auch der kleine Chef war im Urlaub gewesen, viel zu ausgeruht und kam ohne Umschweife zur Sache.

»Sie bearbeiten den Fall Maak?« Da er die Antwort kannte, fuhr er gleich fort. »Sie können wieder zur Tagesordnung übergehen. Sie sind von dem Fall entbunden.« Mit erhobener Hand schnitt er die erwarteten Einwände ab. »Anordnung des Senators. Dr. Metz ermittelt mit der Sonderkommission.«

Der kleine Chef ging und nahm die Akte Maak mit. Schwarz machte sich auf einen Ausbruch Sandmanns gefasst, aber der fragte nur zerstreut: »Sag mal, du kannst doch gut mit dem Dr. Metz?«

Schwarz hatte mit Metz im Sandkasten gesessen. Später war auch Metz nach Hamburg gegangen, wo er im Studium und in der Liebe größeren Erfolg hatte als Schwarz. Die Liebe machte ihn zum dreifachen Vater, die Karriere brachte ihn bis in die Abteilung des Generalstaatsanwalts beim Hanseatischen Oberlandesgericht. Metz gehörte zu dem kleinen Kreis von Staatsanwälten, in deren Zuständigkeit der Bereich organisiertes Verbrechen fiel. Schwarz und Metz pflegten keine freundschaftliche Beziehung, aber da sie die gleichen Wurzeln teilten, halfen sie sich manchmal aus. So jedenfalls nannte das Schwarz, der ungeduldig sagte: »Ich weiß nicht, was du willst. Das ist ein normaler Vorgang. Metz und die SOKO machen da weiter, wo wir aufgehört haben. Wäre nicht das erste Mal. Keiner verliert darüber ein Wort. So wie die Sache inszeniert war, würde es mich nicht wundern, wenn tatsächlich organisierte ...«

»Das ist es ja!«, unterbrach ihn Sandmann. »Keiner fragt nach! Die SOKO wühlt im Verborgenen, jeder schweigt und bastelt am großen Schlag! Wenn aber dieser Fall gar nicht zu Metz und seinen Leuten geht?«

Schwarz tippte sich mit dem rechten Zeigefinger an die Stirn. »Du spinnst«, sagte er. »Du glaubst doch nicht wirklich, dass der Leiter der Mordkommission in den Mord an einem Kollegen verwickelt ist! Und wenn ja – meinst du, der nimmt uns den Fall ab und geht hin und bringt den Carstens um?«

»Carstens braucht keiner umzubringen. Der hat ein kleines Kind und ist erpressbar. Er weiß, welche Stunde geschlagen hat, wenn er erfährt, dass Maaks Kopf in einem Sarg seines Vaters lag. Einen anderen Sinn kann die Aktion mit den vertauschten Köpfen nicht haben! Carstens soll zu nachhaltigem Schweigen ermuntert werden!«

Sie trafen Carstens am Bahnhof. Man sah ihm an, dass er kaum geschlafen hatte. Er war unrasiert und trotz seiner Urlaubsbräune blass. Carstens wusste nicht, warum er aus Italien geholt worden war. Die Nachricht von Maaks Tod entsetzte ihn. Er war mit Maak wegen der Teppichsache zweimal im Freihafen und in der Speicherstadt gewesen. Nach dem zweiten Besuch war Maak alleine zurückgefahren, um einen Zollbeamten zu sprechen, der Nachtschicht hatte. Maak behauptete später, er habe sich in der Dunkelheit zwischen den Containern verirrt und zufällig ein Gespräch zwischen drei Männern belauscht.

Maak war überzeugt, auf die Spur einer Schlepperbande gestoßen zu sein, die in großem Stil Ausländer über den Hamburger Freihafen nach Deutschland einschleuste. Die Männer verständigten sich über die Beseitigung einer Leiche. Offensichtlich war ein Passagier der neuesten Lieferung beim Transport im Container gestorben. Später nahm einer der drei gefälschte Aufenthaltsgenehmigungen entgegen, die nur direkt aus dem Ausländeramt stammen konnten.

»Verdammt«, sagte Schwarz wütend, »warum hat Maak das nicht gemeldet?«

»Er war überzeugt, dass ein paar hohe Tiere aus Verwaltung und Polizei mitmischten. Die Typen hatten nämlich nicht nur Dokumente mit echten Stempeln, sondern wussten auch, wann die nächste Razzia im Freihafen geplant war. Maak wollte den großen Coup landen. Aber vorher wollte er ganz sicher sein.« Carstens fuhr sich mit der Hand übers Gesicht und sagte leise: »Maak war immer zu ehrgeizig. Offen gestanden, ich habe ihn nicht ernst genommen. Und dann bin ich nach Italien gefahren.«

Schwarz, der sich bislang hartnäckig geweigert hatte, bei Metz anzurufen, nahm sein Handy und ging hinaus. Vorher knurrte er Sandmann an: »Ich halte das nach wie vor für ein beschissenes Hirngespinst. Aber fragen kostet ja nichts.«

Dr. Metz war ein Mann mit scharfem Verstand und mit manikürten Fingernägeln. Schwarz wunderte sich über diese Kombination. Wieder einmal irritierte ihn die gepflegte Hand, die auf einen Berg von Zeitungen deutete. Die Schlagzeilen und Leitartikel der Tages- und Wochenzeitungen waren voller Berichte über den großen Schlag gegen den organisierten Menschenschmuggel, der der Hamburger Polizei gelungen war. Worüber man nicht viel lesen konnte, war die Komplizenschaft verschiedener Verwaltungs- und Polizeibeamter. Metz behauptete, die länderübergreifenden Ermittlungen seien noch nicht abgeschlossen.

Schwarz bezweifelte, dass die Öffentlichkeit jemals über den wirklichen Umfang der behördlichen Verwicklungen in Kenntnis gesetzt würde.

Metz wiederholte seine Frage: »Als du mich damals angerufen hast, war mir ja die Akte Maak tatsächlich nicht übergeben worden. Aber ich möchte jetzt endlich wissen – woher habt ihr eigentlich gewusst, dass euer Chef den Fall Maak vertuschen wollte?«

Schwarz hatte keine Ahnung. Sandmann wusste vielleicht eine Antwort, aber der saß gerade mit seiner Frau in einer Vorstellung des »Hamburger Jedermann«, und glücklicherweise regnete es noch nicht.

Dirk Schmidtke

Die ruhige Hamburger Art

Dirk Schmidtke

Die ruhige Hamburger Art

Mackjudies stand am geöffneten Fenster und spähte über den Hafen. Gelangweilt stemmte er seine Hände in die Hüften und schnalzte mit der Zunge. Draußen regnete es, Menschen eilten die Straße entlang, Huren standen in ihren neonfarbenen Skianzügen rum und warteten auf Kundschaft. Vor dem Geldautomaten hatte sich die übliche Schlange gebildet und langsam belebte sich die Straße, Reisebusse hielten.

Unten quietschten Bremsen und Mackjudies lehnte sich hinaus. Ein kleiner Transporter stand halb auf dem Gehweg, ein Mann sprang raus, öffnete die Hecktüren, entnahm zwei silbrige Schachteln und spurtete los.

»Das Essen auf Rädern kommt!«, schrie Mackjudies nach hinten.

»Wurde aber auch Zeit, ich bin am Verhungern, nä!«, schrie Stein von der Toilette zurück.

Unter ihnen bollerte jemand gegen die Wand, und als Stein, beladen mit Besteck, Gewürzen und vier Dosen Astra, ins Zimmer trat, läutete es an der Haustür.

»Ich regel das!«, sagte Mackjudies und machte sich auf den Weg.

Stein stellte schnell die Sachen ab und schlich sich leise Richtung Hausflur. An der Zimmertür blieb er stehen und hörte, wie Mackjudies die Haustür öffnete.

»Nun???«, hörte er Mackjudies schreien.

»Ihr Essen, wir entschuldigen uns für ...«

»Papperlapapp! Die Sonne geht unter und mir haben sie fünf Liter Rückenmark abgepumpt, wenn dir Rotzlöffel das was sagt. Wenn ich vor Sonnenuntergang nichts esse, sterbe ich!«, hörte er Mackjudies brüllen und kurz darauf wurde die Tür zugeknallt.

Schnell schlich Stein zurück und öffnete zwei Bier.

Sie setzten sich.

»Können wir das Fenster schließen? Du weißt, die Kälte und dieser Fischgeruch und dann das leckere Essen, ich ...«

»Fischmarkt ist Fischmarkt und das Fenster bleibt auf!«, grunzte Mackjudies und riss die Alufolie von der Verpackung.

Nachdem sie gegessen hatten, setzten sie sich auf zwei Klappstühlen ans Fenster, tranken Bier und sahen dem Treiben auf der Straße zu.

»Fährst du heute Taxi? Nachtschicht?«, fragte Stein neugierig.

»Das macht dann 44,80 – exklusive Trinkgeld – und entschuldigen Sie bitte den Umweg, ich bin neu in der Stadt!«, kicherte Mackjudies und zündete einen Joint an.

»Das Taxi kommt in zehn Minuten!«, warf Stein nach und beide brüllten los.

In der Wohnung unter ihnen schrie jemand wutentbrannt auf.

Nachdem sie sich wieder beruhigt hatten, rauchten sie stillschweigend, nur unterbrochen von Steins Hustenanfällen und Mackjudies irrem Gekicher, und starrten aus dem Fenster.

Plötzlich deutete Mackjudies in eine dunkle Ecke auf der anderen Straßenseite. Stein erhob sich wie in Zeitlupe, lächelte und kam kurze Zeit später, in eine Wolldecke gehüllt, mit den Ferngläsern wieder. Synchron stützten sie ihre Ellenbogen auf dem Fensterbrett ab und guckten rüber.

»Nun sieh dir das mal an!«, zischte Mackjudies.

»Uijuijui«, sagte Stein. »Der nimmt den Typ ganz schön in die Mangel, irgendwoher kenn ich den, nä!«

»Das doch nicht! Da, auf der Straße, das langsame Auto auf der linken Spur! Blinkt nicht, fährt zwanzig und bremst willkürlich, blockiert die Fahrbahn! Ich setze zehn Tacken, was ist?«

»Ich halt dagegen, nä!«

Gemeinsam verfolgten sie das Auto, bis das Kennzeichen sichtbar wurde. Mackjudies entzifferte es als Erster und quiekte begeistert auf, während Stein resigniert das Glas senkte.

»Was soll's, das nächste Mal hast du mehr Glück!«, griente Mackjudies.

Beide standen auf, drehten sich zueinander und begannen feierlich zu singen: »Wir wollen hier nicht unken – doch Gott war mal betrunken, für kurze Zeit ein Geisteszwerg – und damals schuf er Pinneberg.« Dann begannen sie sich wie wild im Kreis zu drehen, kreischten, stolperten, ließen sich auf die Klappstühle fallen und setzten keuchend die Ferngläser wieder an.

Beide sahen interessiert der Schlägerei zu. Ein älterer, untersetzter Mann hatte einen jüngeren Trinker in der Mangel, von der Polizei war nichts zu sehen. Der Trinker lag am Boden und der Ältere trat in ihn rein. Stein zuckte bei jedem Tritt zusammen.

»Warum hilft denn da keiner?«, fragte Stein.

»Grundgütiger, der alte Anzugträger, das ist doch der Vogel, hat der immer noch nicht genug?«, flüsterte Mackjudies gebannt.

»Mir kam er auch bekannt vor, Vogel, das is doch dieser Senator?«

»Ja, der Vogel, aber er ist nicht mehr Senator, er ist beim HVV weich gefallen, vierter Vorstandsposten, Bahnfahren wird demnächst teurer!«

»Bist du sicher, dass Vogel nich beim HSV is?«

»HSV, HVV, wo ist da denn der Unterschied? Beides fängt mit H an!«

»Herr im Himmel, jetzt hört er endlich auf – da, er flieht!«, schrie Stein erregt.

Sie verfolgten Vogel mit den Gläsern, bis er im Getümmel verschwunden war. Mackjudies wirkte wie gelähmt.

»Diesmal wirst du nicht damit durchkommen, oh nein!«, schnaubte er.

»Nä?«, sagte Stein.

Zwei Stunden später saßen sie in Mackjudies Taxi. Sie standen in der Nähe von Vogels Eigenheim und hörten den Taxenfunk ab.

»Es geht los, er hat einen Wagen bestellt!«, schrie Mackjudies, startete den Motor und fuhr mit durchdrehenden Reifen an.

Stein hielt die Wolldecke fest umklammert und vergewisserte sich, dass der Fleckenlöser griffbereit lag. Schnell kam Vogels Haus in Sicht und das Taxi wurde langsamer.

Stein kauerte im hinteren Fußraum und hüllte sich in die dunkle Wolldecke. Blind tastete er nach dem Fleckenlöser. Mackjudies vergewisserte sich, dass Stein bereit war, und wollte aussteigen, um zu klingeln.

»Warum fährt Vogel eigentlich nich mit Bus und Bahn?«, fragte Stein dumpf von unten rauf.

»Nur aus PR-Gründen, ist ansonsten zu teuer und zu gefährlich!«, erwiderte Mackjudies, stieg schwerfällig aus und ging durch den Vorgarten zur Haustür.

Stein horchte angestrengt und versuchte, die Geräusche zuzuordnen. Er hörte Schritte, die Fahrertür öffnete sich, Mackjudies ließ sich in den Sitz plumpsen und endlich schwang die hintere Wagentür auf.

Vogel war gerade im Begriff einzusteigen, als Stein fauchend hochkam, Vogels Bein schnappte und ihn hineinzog. Mackjudies hatte sich umgedreht, warf die Wolldecke über die Tobenden und gab Gas. Kalte Luft strömte in das Taxi. Mackjudies lenkte gegen, und die hintere Tür warf sich krachend ins Schloss.

Sie schlitterten schreiend die Straße entlang, Mackjudies

drehte die Musikanlage auf und gröhlte laut ein Lied mit – dann hatte er den Wagen wieder in der Gewalt, schaltete das Taxameter ein und blickte in den Rückspiegel.

Unter der Wolldecke lebte es. Er sah vereinzelt Hände, ein Bein, und dann traf ihn ein Fuß am Kopf. Er bremste scharf und der Wagen kam rutschend zum Stehen. Er packte sich den Fleckenlöser, sprang aus dem Taxi, riss die hintere Tür auf und stürzte sich ins Getümmel. Endlich bekam er ein Gesicht zu fassen. Er drückte die Wolldecke fest auf den Mund und goss Fleckenlöser drauf. Ein paar Sekunden später war Ruhe und er zog die Decke hoch. Stein sah ihn vollkommen breit und grinsend an.

Panisch ließ Mackjudies die Wolldecke fallen und fand Vogels Kopf an Steins Ellenbogen ruhend. Vogels Nase blutete, Stein musste ihn k.o. geschlagen haben.

»Guter, alter Stein!«, seufzte Mackjudies.

»Nä?«, kicherte Stein und verdrehte die Augen.

Mackjudies verharrte noch einen Augenblick, warf dann die Wolldecke über die Betäubten und fuhr weiter.

Eine viertel Stunde später erwachte Stein wieder zum Leben und hielt sich jammernd den Schädel. »Heiliger Bimbam, was is geschehen? Wo is Vogel? Wo sind wir?«

»Wir stehen im Stau, Vogel liegt neben dir, und guck nach rechts, dann weißt du, wo wir sind!«

»Die Alster, wir sind ja mitten in der Stadt! Wo is die Alsterfontäne?«, fragte Stein benommen und drückte sich die Nase am Seitenfenster platt.

»Vergiss die Pinkelspiele der reichen Gönner, wir haben

ein Problem!«, schrie Mackjudies und drückte auf die Hupe.

»Gott kennt meinen Namen«, seufzte Stein und sah auf den schlafenden Vogel.

»Er hatte dich k.o. geschlagen, ich habe dich bereits gerächt!«, sagte Mackjudies.

Stein nickte, hockte sich zwischen die Vordersitze und steckte sich eine Zigarette an. Sie kamen nur langsam voran, der Verkehr auf ihrer Fahrbahn stockte und rechts zogen die Autos an ihnen vorbei. Vogel begann zu schnarchen und Stein hielt ihm für einen Augenblick die Nase zu. Mackjudies setzte den Blinker, hupte und pöbelte, machte irre Gesten und versuchte, auf die andere Spur zu wechseln. Endlich war es ihm gelungen. Er wollte gerade beschleunigen, als rote Bremslichter vor ihm aufleuchteten und jetzt wiederum die Autos der linken Spur an ihnen vorbeizogen. Dann ging es stockend weiter.

Vogel schlief wieder ruhig, Stein inhalierte tief und erstarrte. Mackjudies warf ihm einen Blick durch den Rückspiegel zu und sah, wie Steins Gesicht weiß wurde. Bevor er noch fragen konnte, erbrach Stein sich röhrend zwischen die Vordersitze. Hinter ihnen hupten die Autos und Mackjudies fuhr an, während Stein wimmerte.

Für einen Augenblick herrschte Stille.

»Du hast mich angekotzt, das vergess ich dir nie!«, kreischte Mackjudies und versuchte, das Würgen in seinem Hals zu unterdrücken. Schnell kurbelte er das Seitenfenster runter und streckte seinen Kopf nach draußen.

»Du hast Glück, da drüben kommt schon das Busdepot in Sicht!«, schrie er gegen den Fahrtwind an.

»Wieso Busdepot, was wolln wir denn da?«, grunzte Stein und hob ein wenig den Kopf.

»Na, wenn wir ihn in einem leer stehenden Bürogebäude verstecken wollten, wären wir wohl kaum so weit gefahren, nicht? Lass mich mal machen, außerdem habe ich da eine Idee!«, schrie Mackjudies nach hinten und bog in eine leere Seitenstraße.

Langsam näherten sie sich dem Gelände, das nur durch vereinzelte Laternen erhellt wurde. Es war mit Maschendraht umzäunt, der das Depot gegen übereifrige Kletterer sicherte. Wie schlafende Tiere standen die Busse nebeneinander, gutmütige, zischende Riesen, die auf das Gebüsch hinter der Umzäunung starrten, das die Freiheit verhieß.

Stein hatte sich wieder aufgerichtet, sah sich um und glotzte ungläubig in Vogels Gesicht. In diesem Moment schlug dieser die Augen auf und starrte Stein an. Stein begann zu schreien, Mackjudies fiel ein und stieg in die Eisen. Vogel nutzte die Schrecksekunde, rappelte sich auf, sprang aus dem Wagen und floh ins Dunkel, nur ein paar knackende Zweige verrieten seinen Weg.

»Scheeiiiißßßeeeeeee, der Sack haut ab!«, schrie Mackjudies und drückte das Taxameter auf ›Kasse‹. »Der Dösbaddel schuldet mir einundfünfzig Tacken!«

»Inklusive Trinkgeld?«, fragte Stein, der sich inzwischen von seinem Schreck erholt hatte.

»Der Hund schuldet mir sechzig Tacken!«, schrie Mackjudies.

Dann war es ruhig, nur das Tuckern des Diesels unterbrach die Stille.

Stein räusperte sich nach einer Weile. »Und nu? Was machen wir jetzt?«

»Wir sollten machen, dass wir hier ganz, ganz schnell wegkommen!«, flüsterte Mackjudies und setzte die Taxe in Bewegung.

Keiner von beiden sprach ein Wort, bis sie sich dem Hafen näherten.

»Also, es sollte klar sein, dass wir das nicht waren!«

Stein nickte.

»Du rufst gleich Horsti im *Clochard* an und verschaffst uns Alibis, ich besorge uns zwei Flaschen Korn von der Esso, die müssen wir auf ex trinken, und wenn sie uns an den Kanthaken kriegen sollten, können wir vielleicht auf unzurechnungsfähig plädieren!«

Stein sagte nichts, aber Mackjudies sah, dass sich seine Augen mit Tränen gefüllt hatten.

»Wird schon gut gehen«, seufzte Mackjudies und fuhr den Lichtern entgegen.

»Das haben die in der Haspa-Kreditabteilung auch erst gesagt, näääää!«, blökte Stein.

Nach langem Suchen fanden sie einen Parkplatz. Sie stellten den Wagen ab, Mackjudies machte sich zur Taubenstraße auf und Stein schlich zu ihrer Wohnung. Er hatte sich gerade auf dem Diwan ausgestreckt, als er das Türschloss hörte und Mackjudies ins Zimmer kam.

Mackjudies fiel in den Sessel und warf Stein eine Flasche zu. »Na dann, auf dein Spezielles!«

»Auf die christliche Seefahrt!«

Sie setzten an und ließen den Korn ihre Kehlen hinunterfließen, bis sie nach Luft schnappen mussten.

»Warum war's bloß nich umgekehrt, warum konnte der Trinker Vogel nich plattmachen, nä?«, fragte Stein in einer Atempause.

»Trinker sind keine Kämpfer und außerdem hätten sie dann das Hafenkrankenhaus wieder eröffnen müssen. Und wir können noch froh sein«, fuhr Mackjudies fort und zündete sich eine Zigarette an, »dass wir keine kritischen Journalisten sind, dann würden sie uns bei der Festnahme den Fuß brechen.«

»Ich bin gelernter Schriftsetzer!«, sagte Stein.

»Sei froh, dass das nicht zählt.«

Für einen Augenblick schwiegen sie.

»Was meinste, wann werden sie kommen?«

»Keine Ahnung, aber ich schätze, gegen vier Uhr morgens.«

Sie setzten die Flaschen an und tranken weiter.

Als sie aufwachten, stand die Wintersonne hoch am Himmel und der Lärm der Straße drang durch die geöffneten Fenster zu ihnen rauf. Ein paar Möwen kreischten im Vorbeiflug und es roch nach Salz, Tang und frischen Krabben.

»Gott im Himmel, ich muss kotzen!«, sagte Stein.

»Bitte, sprich leiser und schließ die Fenster, mir ist sooo schlecht und kalt.« Mackjudies bewegte sich vorsichtig.

Plötzlich schellte die Türglocke und beide schreckten auf. Sie verharrten.

»Ich gehe zuerst, ich stelle mich«, sagte Mackjudies und torkelte erst schmerzhaft gegen die Wand und dann in Richtung Wohnungstür.

Unter ihnen klopfte jemand mit einem Besenstiel an die Decke.

Stein schlich sich zur Flurtür und hörte, wie Mackjudies die Tür öffnete, für einen kurzen Moment schwieg und dann sagte: »Es war alles Steins Idee, er wollte Horsti zum Meineid anstiften, er hat alles geplant und ausgeführt und er hat mich gezwungen mitzumachen. Seien Sie bitte vorsichtig, Stein sitzt hinten und ist bewaffnet, ich stelle mich gerne als Kronzeuge zur Verfügung, und nun tun Sie Ihre Pflicht, Herr Wachtmeister, und verhaften mich!«

Als Mackjudies mit den zwei Aluminiumbehältern von »Essen auf Rädern« zurück ins Zimmer kam, fand er Stein zusammengesunken auf dem Fußboden, er war ohnmächtig geworden. Mackjudies setzte sich an den Tisch und riss die Deckel von den Verpackungen. Begierig und schmatzend aß er beide Portionen auf.

Als Stein wieder zu sich kam, saß Mackjudies am Fenster und schlürfte ein Bier.

»Nimm dir ein Bier, wir müssen den Alkoholspiegel hochhalten.«

Stein gehorchte, griff sich mit der freien Hand einen Klappstuhl und setzte sich mit ans Fenster.

»Ein Kissen für's Fensterbrett, das wäre nich schlecht,

nä?«, sagte Stein, nachdem sie eine Zeit lang rausgesehen hatten.

»Und gerippte Unterhemden«, erwiderte Mackjudies.

Draußen hupten ein paar Autos.

»Wieso waren die Cops noch nich da, was zur Hölle soll das?«, fragte Stein.

»Sie werden uns mit HVV-Bussen überfahren oder vor die U-Bahn schubsen, ein kleiner, bedauerlicher Unfall am Nachmittag, so wird es kommen.«

»Die ruhige Hamburger Art!«, sagte Stein.

»Wenn du nicht gekotzt hättest, wäre der Typ nicht so schnell aufgewacht«, sagte Mackjudies.

»Ich vertrage nun mal kein Autofahren!«, sagte Stein.

Sie starrten aus dem Fenster und sahen den Möwen zu, wie sie ihre Kreise drehten. Sie warteten.

Regula Venske

Samtkrimi oder: Mord im Literaturhaus

Regula Venske

Samtkrimi oder: Mord im Literaturhaus

Wir hetzen jetzt jemanden zu Tode. Sie und ich, und rein zu unserem Vergnügen. Dieser Mensch kann eigentlich nichts dafür, nur die Tatsache, dass er noch lebt, spricht gegen ihn. Jetzt aber soll er sterben. Viele Menschen kommen ja in diesem Moment um, auf einen mehr oder weniger soll es uns also nicht ankommen. Und schon gar nicht auf diesen Mann, der es allabendlich fertig bringt, im Schaukelstuhl zu sitzen und sich am Zigarettenrauch zu erfreuen. Und am leichten Quietschen des Schaukelstuhls, wenn er gemächlich vor- und zurückschaukelt, jeden Tag nach Feierabend, vor und zurück.

Der Mann blickt den Rauchringen nach, die sein Mund geformt und ausgestoßen hat. Wie sie schweben und sich entfernen, sich allmählich verlieren. Die Form verlieren, die Fassung?

Ich nicht, denkt der Mann.

Durch die Dachdaube fällt Spätsommerlicht ins Zimmer, Staubkörnchen tanzen, ein Sonnenstrahl bringt das Regal zu seiner Linken zum Leuchten. Nicht, dass es das einzige Bücherbord im Raum wäre. Die gesamte Einrichtung des Zimmers besteht aus Regalen. Sie verlaufen ringsherum an den Wänden entlang, vom Boden bis zur Decke gefüllt mit Büchern. Leere Fächer lassen ahnen, dass der Mann noch etwas vorhat mit seiner Bibliothek, er hat Platz für Neuzugänge. Weitere Regalreihen sind sternförmig durch den Raum gezogen, bis in Brusthöhe reichend, so dass sich auf ihren obersten Borden etwas abstellen lässt – ein Pfeifenständer, eine Lampe, der Whisky.

Im Zentrum des Sterns aus Bücherregalen, in der Mitte des Zimmers, steht der Schaukelstuhl. Der Mann blickt neben sich, auf die Bücherstapel, die er um sich herum verteilt hat. Das Gesamtwerk Gottfried Benns, ausnahmsweise in einer wohlfeilen Ausgabe, ein Geschenk seiner Frau, ist als Nächstes dran. Borges und Broch sollen folgen. Ein Buchstabe pro Jahr, das A hat er schon absolviert. Ein scharlachroter Buchstabe aus Goldpapier, eigenhändig auf Karton geklebt, schmückt das erste Regalbrett linkerhand der Eingangstür. Auf diesen Einfall ist er besonders stolz, obwohl er ja eigentlich aus dem Bastelalter heraus ist. Einundfünfzig. Für das B wird er sich etwas Neues einfallen lassen, vielleicht etwas Grünes, zu Benn passend, man wird sehen.

Man wird sehen? Nicht viel mehr wird er zu sehen bekommen, unser Mann. Jetzt kommt er gerade zum Stillstand, drückt die Zigarette aus, pustet versehentlich mit seinem Atem Staubkörnchen und Asche gleichermaßen aus dem Aschenbecher, steht auf und klopft sich das Hosenbein ab. Ein letzter Blick in die Runde, die Bibliothek ist sein ganzer Stolz. Sein heimlicher Stolz auch. Ein Refugium, in das kein Telefonklingeln eindringen kann. Sein Refugium. Nichts kann ihn hier erreichen, keine lästigen Klienten, keine Frau, die schmollend darauf wartet, dass er sich wieder ihr zuwenden möge.

Zu seinem Fünfzigsten, im vorigen Jahr, hat er sich selbst diese Zweitwohnung geschenkt. Jeder Maler braucht sein Atelier, da wird sich doch ein Leser noch eine Lektüredependance gönnen dürfen?

Sechsundzwanzig Buchstaben hat das Alphabet, bis er fünfundsiebzig ist, kann er, wenn nicht die gesamte, so doch einen Großteil der Weltliteratur durchaus noch schaffen.

Die Lebenszeit, die X und Y ihm schenken werden, soll dem viel bevölkerten M zugute kommen und dem S, das noch dazu diese Vielschreiber hervorgebracht hat, Schiller, Shakespeare, Sir Walter Scott. Aber auch auf das Fräulein von Scudéry und Ginka Steinwachs freut er sich, und seine Frau braucht nichts davon zu wissen. Sie würde ihm Blumentöpfe, Wandkalender, gar Häkelmützen für die Bücherstützen schenken, sie würde Kuchen backen und zum Abstauben kommen wollen. Dafür würde sie Fettflecke auf den Einbänden hinterlassen, seine Altmännerklause wäre sofort in Gefahr.

Es reicht, dass er die von ihr gestrickten Freizeitjacken tragen muss. Sicher sitzt sie jetzt im Moment gerade wieder daheim vor dem Fernsehgerät und wickelt oder ribbelt Wolle auf für die diesjährige Weihnachtsproduktion. Er aber hat Besseres im Sinn. Ihn erwartet Julian Barnes. Ja nicht ihn persönlich, aber *ihn,* den Leser und Literaturfreund, den Kenner seines Werkes, wenn auch nur in der deutschen Übersetzung. Barnes wird gleich im Literaturhaus an der Außenalster lesen, und er, unser Mann, wird bei diesem Anlass, wie schon oft, in der ersten Reihe sitzen.

Zum Literaturhaus hat er es nicht weit. Darauf hat er bei der Wohnungssuche geachtet, neben dem Lichteinfall von oben war der Fußweg zum Schwanenwik von ausschlaggebender Bedeutung. Und Bellevue, so darf eine Straße schon heißen, wenn unser Mann in ihr seine Zweitbibliothek einrichten soll.

Er braucht jetzt nur ein Stückchen an der Alster entlangzuschlendern, fünf Minuten, wenn's hochkommt sieben, dann ist er da.

Wie immer hängt der Mann seinen Gedanken nach, und den Schatten, der auf ihn wartet, sieht er nicht. Jeder Mann wird ja bei seinen Taten von einem unsichtbaren Schatten verfolgt. Das hat er einmal irgendwo gelesen, nur selten denkt er daran. Er hat es eilig, der Mann.

Aber sein Schatten sieht ihn. Sein Schatten hat auf der gegenüberliegenden Straßenseite hinter einem Gebüsch auf ihn gewartet, er hat, leicht zitternd, zu den Fenstern der Dachwohnung hinaufgeblickt, er hat ob des wider Erwarten doch schon kühlen Sommerabends leise geflucht. Der Schatten hat sich die Beine in den Bauch gestanden, er hat an einem Schokoriegel geknabbert. Es ist ein sehr lebendiger Schatten, der da auf den Mann gewartet hat, ein Schatten, der sogar eigenen Gedanken nachgehangen hat.

Der Schatten hat das beruhigende Tuckern der Alsterdampfer und das aus der Ferne herüberwehende Tuten der Schiffe im Hafen gehört. Erst haben Sehnsucht und Fernweh, dann hat Trauer vom Schatten Besitz ergriffen.

Ewig dieses Warten!, hat der Schatten gedacht. Aber damit wird es bald ein Ende haben.

Als der Mann das Haus verlassen hat und zum Greifen nah an ihm vorbeigegangen ist, hat der Schatten kurz die Luft anhalten müssen. Aber dann ist er aus dem Schutz des Gebüschs hervorgetreten und ist dem Mann betont unauffällig gefolgt. Er hat es dabei nach Möglichkeit vermieden, auf dessen Rücken zu starren. Heute Abend hat er den Mann nicht mehr zum Umdrehen bewegen wollen.

Wenige Minuten später sind sie am Schwanenwik angekommen, und der Mann hat die Straße zielstrebig überquert, während der Schatten hinter einem Baum unweit des Klohäuschens an der Alster gewartet hat. Dann ist auch er über die Straße gehuscht und zwischen den gut gekleideten jungen Leuten hindurch, die lachend und plaudernd die Treppen zur Nummer 38 hochsteigen, in die schöne Villa geschlüpft.

Links vom Eingang führt eine Treppe hinunter in den Keller, zu den Toiletten. Der Schatten weiß, dass der Mann das Herrenklo aufsuchen wird, wie immer vor längeren Veranstaltungen; er ist in den Jahren, wo er das schon aus prophylaktischen Gründen muss. Das ist jetzt die Chance des Schattens, der schwerelos die Stufen zum Keller hinabgleitet. Das einzige Geräusch, das dabei von ihm zu hören ist, ist ein leises Klicken in der rechten Tasche seines Trenchcoats, aber das hört niemand außer ihm.

Von oben an der Bar hört man Stimmengewirr und Gläserklirren, unten rauschen die Klospülungen der Damentoilette, und aus dem Kellerraum, der zum Restaurant gehört, dringt ein Schleifen und Scharren, derweil Getränkekisten über den Fußboden gezogen werden.

Im Bruchteil einer Sekunde, bevor sich noch die Tür zum Damenklo öffnen kann, hat sich der Schatten, lautlos und schnell wie eine Katze, in die Herrentoilette gewagt. Er vergisst nicht, die Tür hinter sich zu schließen, und steht nun leicht an die kühle Fliesenwand gelehnt. Endlich hat der Schatten den zu ihm gehörigen Mann erreicht. Jetzt kann er die Rechte aus der Manteltasche ziehen.

Schräg links vor ihm, keine zwei Meter entfernt, steht der Mann am Waschbecken und wäscht sich sorgfältig die Hände. Ihre Blicke begegnen sich im Spiegel. Erstaunt dreht sich der Mann zu seinem Schatten um, da fällt der Schuss.

Dann fällt der Mann, mit offenem Mund und nassen Händen, seinem Schatten entgegen.

Die Frau ist zur Alster zurückgekehrt. Es ging ja alles viel einfacher als gedacht. Unbemerkt hat sie aus dem Keller wieder hochsteigen können, und niemand hat von ihr Notiz genommen, als sie sich zwischen den immer noch ins Haus strömenden Besuchern nach draußen gedrängelt hat. Sie ist es gewohnt, dass kein Aufhebens um sie gemacht wird, wie unsichtbar wirkt sie oft. Das war jetzt einmal ihre Chance, wer achtet schon auf eine unscheinbare Frau wie sie?

Die Frau gluckst befriedigt vor sich hin, sie hat noch einen Schuss im Magazin. Es war richtig, die Pistole mit dem Schalldämpfer zu wählen. Sie lässt sich auf einer Bank nieder. Ein bisschen weich sind ihre Knie nun doch, aber sie hat ja keine Eile. Es ist schließlich völlig gleichgültig, ob die andere zehn Minuten früher oder später dran glauben müssen wird. Sie wird schließlich auch mal jemanden warten lassen dürfen, oder nicht? Und wie oft hat sie selbst im letzten Jahr wegen dieser Dame hintanstehen, sich nach ihrem Mann sehnen müssen, der mal wieder nicht zum Abendbrot erschien. Von wegen Überstunden in der Kanzlei! Ihr hat er nichts vormachen können. Sie hat schon lange einen Verdacht gehegt. Bis sie ihm nachgeschlichen ist, mehrmals. Immer hat sie ihn in diesem Haus in der Bellevue verschwinden sehen, vom Gebüsch aus hat sie ihn beobachtet und geduldig darauf gewartet, bis er wieder herausgekommen ist, mit diesem befriedigten Lächeln auf den Lippen. Es ist ihr nicht entgangen, hat ihr bodenlos wehgetan, aber damit ist es nun vorbei. Dem Himmel sei Dank!

Und jetzt also zu dieser Dame. Sie weiß nicht einmal, wie sie heißt, welcher von den Namen auf den Klingelschildchen, die sie ausgiebig studiert hat, zu ihr gehört. Sogar gerochen hat sie an den Schildern, hat geschnüffelt, ob irgendwo ein Pfeifenduft vom Daumen ihres Mannes hängen geblieben sei, aber vergeblich. So ist die andere eben die Namenlose geblieben, ein weißer Fetzen Papier, blank und leer wie das oberste Klingelschildchen, von dem sie vermutet, dass es das richtige ist. Denn immer, wenn ihr Mann im letzten Winter in dem Haus verschwand, leuchtete kurz darauf in der Dachwohnung ein Lichtschein auf. Sie hat ihn wohl im Dunkeln erwartet, hat sicher auch sonst so einiges zu verbergen, diese Dame. Aber das werden wir gleich haben.

Die Frau hat sich alles bis ins Kleinste ausgemalt. Sie hat sich von dem verdächtigen Schlüsselbund, das sie bei seiner letzten – ja wirklich: letzten – Dienstreise in der Jackentasche ihres Mannes fand, zwei Nachschlüssel anfertigen lassen. Die probiert sie jetzt aus, der größere, wie erwartet, passt ins Haustürschloss. Langsam, sich zu ruhigem Atmen zwingend, steigt sie die Treppen hoch. Vor jeder Etagentür bleibt sie stehen und horcht. Kindergeschrei hinter der Tür im ersten Stock, die scheidet aus. Fernsehstimmen in der zweiten Etage, an deren Tür aber, anders als unten am Eingang, zwei Namensschilder kleben. Betrug in wilder Ehe? Möglich, aber unwahrscheinlich.

Als sie den obersten Treppenabsatz erreicht hat, klopft ihr Herz so laut, dass sie denkt, es müsse bis in die Wohnungen hinein zu hören sein. Ihr Blick fällt auf das Pappzettelchen, das mit Tesafilm neben der Klingel angebracht ist. Zum zweiten Mal an diesem Abend schaut die Frau in einen Spiegel und erblickt darin ihren Mann. Sein Name ist es, der da geschrieben steht, sein Name, der auch der ihre geworden ist. Dass er so unverfroren sein könnte, die Wohnung selbst anzumieten, hat sie ihm nicht zugetraut. Aber jetzt wird sie das Liebesnest ausheben, und zwar ein für alle Mal. Sie hat es sich genau überlegt.

Gleich wird sie schellen und sich unter dem Vorwand, sich von Frau zu Frau aussprechen zu wollen, Einlass verschaffen. Dann wird sie der anderen ihre Fragen und die Pistole vorhalten. Sie wird ihr den Abschiedsbrief diktieren. Die Geliebte wird sich des Mordes an ihrem Gönner, der sie verlassen wollte, bezichtigen. Und dann wird sie Selbstmord begehen.

Die Frau holt noch einmal tief Luft, dann klingelt sie. Wieder muss sie warten, aber das ist sie ja gewohnt. Sollte die andere ausgerechnet heute Abend ausgegangen sein? Sie hat doch sonst nie nach ihrem Mann das Haus verlassen. Aber sei's drum, die Frau hat ja den Schlüssel. Sie wird eben in der Wohnung auf das Flittchen warten. Das wird ihr sogar einen Platzvorteil verschaffen.

Der Moment, in dem die Frau den Nachschlüssel zückt, ist der glücklichste ihres Lebens. Allerdings wird die Intensität dieses Gefühls im nächsten Augenblick, wenn sie schockiert vor ordentlichen Bücherregalen steht, noch übertroffen werden.

Der Umsatz war wieder mal bescheiden. Manchmal fragt sich der nette Buchhändler aus dem Literaturhaus, warum er nicht eine Kneipe aufgemacht hat. Für ihren Entre-deux-mers oder den sauren Edelzwicker, für ihren Campari-Soda, den dritten Espresso und vierten Cappuccino geben sie bedenkenlos Geld aus, aber bei den Büchern, da werden sie knauserig. Ein, zwei verkaufte Titel pro Leseabend, das lohnt nicht einmal den Stundenlohn des Herumsitzens. Nun, Julian Barnes war nicht schlecht, und jeder Buchhändler ist nun mal ein gottverdammter Idealist, und zum Glück hat er ja ein paar gut verdienende Stammkunden. Die sorgen an den langen Sonnabenden schon dafür, dass seine Familie und er etwas zu beißen haben.

Er hat die unverkauften Bücher wieder in die Kiste gepackt, lediglich einige vom Autor handsignierte Exemplare ins Regal gestellt und seinen Laden abgeschlossen. Kurz hat er überlegt, ob er sich noch in die Runde um den Autor mischen soll, die sich, wie nach jeder Lesung, am Stammtisch im Café Schwanenwik eingefunden hat. Erstaunlich, wie schnell das Gespräch immer von den Büchern wegstrebt und bei Essen und Trinken oder dem Austausch von Eitelkeiten landet. Bestellungen werden aufgegeben, irgendjemand wartet mit einer Anekdote auf, ach nein, das muss er heute nicht haben. Außerdem wartet daheim seine Frau, es zieht ihn nach Altona.

Aber bevor er ins Auto steigt, will er schnell noch einmal auf die Toilette gehen, im Laden war so ein Betrieb, den ganzen Tag ist er nicht dazu gekommen.

Als Drittem haben wir nun also Herrn Samtleben den Schock seines Lebens verpasst. Das hat er eigentlich nicht verdient, der nette Buchhändler aus dem Literaturhaus, dass er seinen besten Kunden und noch dazu unter diesen Umständen verlor. Und nach Hause wird er jetzt auch nicht so schnell kommen, erst muss er noch der Kriminalpolizei Rede und Antwort stehen. Seine liebe Frau wird ein bisschen auf ihn warten müssen.

Ingeborg Braisch

Landungsbrücken – 23:30 Uhr

Ingeborg Braisch

Landungsbrücken – 23:30 Uhr

Die letzte Stunde – kurz vor Hamburg, während der überfüllte Zug sich langsam den Elbbrücken näherte – hatte er auf dem harten Holzsitz verschlafen, eingekeilt zwischen Menschen, die über Tauschgeschäfte redeten. Der Fleck-typhus, dem er seine Entlassung aus dem Lager zu verdanken hatte, die Strapazen der endlosen Fahrt vom Don bis an die Elbe saßen ihm noch immer in den Knochen. Einmal riss er mühsam die Augen auf und starrte durch das Zugfenster in ein Haus, dem die Außenwand fehlte: die Kacheln einer Badezimmerwand, ein Hahn, aus dem ein dünner Wasserfaden auf einer Rostspur die Wand hinuntersickerte. Schließlich hatte eine alte Frau ihn geweckt: »Hauptbahnhof! Endstation! Wo wollen Sie denn hin?«

»Altona ...«

»Dann steigen Sie mal in die S-Bahn um! ... Doch, doch, die fährt noch!«

Bei seinem letzten Heimaturlaub hatte er die entsetzlichen Verwüstungen in der Innenstadt gesehen, aber in seiner

Straße war trotz der Nähe zur Vulkanwerft nicht viel zerstört worden. Und er hatte andere Dinge im Kopf gehabt: Lisa, die keine Lust hatte, immer nur zu warten, und die Fotos, die er in einer Blechschachtel mitgebracht hatte, kleine Aufnahmen auf billigem Papier mit gezacktem Rand: Männer in Wehrmachtsuniform mit angelegten Gewehren; schemenhafte Gestalten in Zivil, die Hände erhoben; Leichen in einer Sandkuhle.

Seit drei Jahren lag das Kästchen in einem Loch des alten Eibenbaums im Garten seiner Eltern – seine Versicherung für den Neuanfang als Reporter, wenn der braune Spuk zu Ende sein würde.

Als er den Altonaer Bahnhof verließ, blickte er fassungslos auf Ziegel, Sand und Zementbrocken. Einzelne Hauswände mit leer gebrannten Fenstervierecken. Verkohlte Balken. Von der Hitze verglühte und verbogene Eisenstangen. Zerbrochene Stuckverzierungen. Blühende Weidenröschen. Schutt, wo Straßen gewesen waren. Die einzigen Landmarken der alte kupfergrüne Brunnen mit seinen kämpfenden Zentauren und zerschossenen Nixen und Echsen, die kein Wasser mehr sprühten, die beiden Türme der Petrikirche.

Seine Straße, wenn sie es denn war, denn ein Schild gab es nicht mehr, bestand nur noch aus wenigen Häuser inmitten von Trümmerbergen. Hier schien niemand mehr zu leben. Nur dort, wo die Breite Straße begann, schob ein Mann eine Schottsche Karre mühsam vor sich her. Dann sah er die Kinder. Zwei Mädchen hockten auf dem rostigen Geländer, das die abschüssige Seitenstraße sicherte. Beide trugen dunkle Wollkleider und Trainingshosen, deren Gummibündchen lose um ihre dünnen Knöchel schlotterten.

Zögernd blieb er stehen. Er erinnerte sich an die dicken Pfosten aus glatt poliertem rotgrauem Stein, an das holprige Kopfsteinpflaster, an verbotene Schlittenfahrten hinunter in die Elbstraße – das musste der Quäkerberg sein!

Die Kinder betrachteten ihn.

»Sagt mal, hier ist doch die Palmaille?«

Die Ältere nickte stumm.

»Wisst ihr vielleicht, wo das Haus von Sörensens steht?«

Die Kleinere lachte. »Opa Sörensen?«

»Ja?«

Die Ältere zuckte die Achseln. »Das Haus ist kaputt, da ist eine Bombe reingefallen!«

Die Kleinere mischte sich ein: »Da sind mitten in der Nacht brennende Tannenbäume vom Himmel geschwebt. Ich war wach, das war ganz toll!«

»Und Herr Sörensen und seine Frau?«

»Das sind doch Opa und Oma! Die wohnen hinter dem Trümmerberg. Wir sind da jetzt zu Besuch.«

Also lebten seine Eltern! Und dies mussten die Kinder seiner Schwester sein.

»Soll ich dir mal Schweinebummel zeigen?« Die Kleine rutschte mit dem Oberkörper vom Geländer, das sie nur noch mit den Knien umklammert hielt. Sie sprang ab: »Komm, wir zeigen dir, wo Opa und Oma wohnen!«

Ein Rest der Mauer war stehen geblieben, die Kinder stießen grob zusammengenagelte Planken auf und führten ihn zum Hintergebäude.

»Oma, Opa, da ist Besuch!«

Seine Mutter schrie auf, als sie ihn sah. Sein Vater, der am Fenster in einem Sessel geschlafen hatte, fuhr unwillig hoch und fragte dann immer wieder: »Hans? Wieso? Woher? Warum hat mir denn niemand was gesagt?« Er wühlte in seiner Hosentasche und drückte dem älteren Mädchen zerknitterte Geldscheine in die Hand. »Lauf mal rüber zu Otti, er soll dir eine Flasche Wermut verkaufen. Unser Junge ist wieder da!«

Hans setzte sich und berichtete, während seine Mutter mit einem Lappen über die Wachstuchdecke fuhr. Schließlich fragte er – und diese Frage schien größeren Mut zu erfordern als eine Patrouille durch einen russischen Wald: »Und Lisa?«

Für die Antwort auf diese Frage hatte er die Hölle von Urjupinsk überlebt, Kälte, Hunger, Läuse, Fieber und Durchfall. Das Gesicht seiner Mutter überzog sich mit feiner Röte: »Ach, um die brauchst du dir keine Sorgen zu machen. Sie lebt, hat nicht einen Kratzer abbekommen.«

Für einen Moment wurde ihm übel, die Angst, die er drei Jahre in sich umhergetragen hatte, die grauenhafte Ungewissheit wich allzu schnell. Das Wachstuch verschwamm vor seinen Augen und schien sich aufzulösen, den Blick freizugeben auf eine verdreckte Holzwand, eine baumelnde Glühbirne. Verzweifelt griff er mit der Hand in die Tischdecke, fühlte das schmierige glatte Tuch und schüttelte mühsam den Kopf, um das Schwindelgefühl, das grässliche Bild loszuwerden. Dann erst konnte er glauben, dass er eine zweite Chance hatte, dass ein barmherziger Richter ihn, der schon zum Tode verurteilt war, im letzten Moment freigesprochen hatte.

Seine Lisa lebte, er sah sie vor sich, im weißen Sommerkleid, das ihre Taille betonte, kam sie auf ihn zu, ihre braunen Locken sprangen aus der Haarkrone hervor, und sie lachte ihn an.

Er schob den Stuhl zurück: »Ja, dann möchte ich ... seid mir nicht böse, aber ihr versteht doch?«

»Aber Hans, so warte doch, du bist doch gerade erst gekommen! Nun stürz doch nicht gleich wieder weg!«

Die Holztür kreischte. Er hörte die Stimme seines Bruders, sein lautes heiseres Lachen, dünnes quäkendes Geschrei und ... das war doch Lisas Stimme!

Er stieß das Glas mit dem süßen, klebrigen Wermut zur Seite und stürzte zum Fenster. Sie kamen über das Kopfsteinpflaster; Lisa war ein wenig rundlicher, die Locken hatte sie unter einem turbanartigen Schal versteckt, und sie schob einen Kinderwagen vor sich her.

Er drehte sich um: »Was ...?«

Seine Mutter zuckte die Achseln. »Sie haben kurz vor Weihnachten geheiratet, die Kleine ist fünf Monate alt – du warst vermisst, und das Rote Kreuz hat uns keine Hoffnung gemacht.«

»Ich will sie jetzt nicht sehen!«

»Du kannst hinten raus!«

Er hastete durch ein dunkles Zimmer mit ungemachten Betten. Als er die Außentür öffnete, war der Hof leer. Langsam stieg er über die ausgetretenen Granitstufen in den Garten. Ein furchtbarer, krampfartiger Schmerz schoss ihm durch Magen und Darm, und er konnte gerade noch hinter die Stachelbeerbüsche stürzen und die Hosen runterreißen, da klatschte die stinkende, braune Brühe schon auf die Erde. Dann taumelte er mit zitternden Knien die Gartenpfade entlang, zwischen Kartoffelreihen und Bohnenstangen. Er stand am Abhang, blickte auf zertrümmerte Fabriken und Lagerhallen in der Elbstraße, auf das glitzernde Wasser, auf verrostete und verbogene Kräne, ein Schiffswrack in einer zerstörten Helling, den kleinen Damm mit dem roten Turm, der das Hauptfahrwasser begrenzte.

Die Eibe stand noch. Das Loch war zugewuchert, in Panik riss er die zähen, dunklen Zweige weg. Für Momente konnte er nichts sehen, glaubte, nicht mehr Nadelzweige unter den Händen zu spüren, sondern Stroh, Eiseskälte zu spüren statt der Sommersonne, während ihm ein grauenhafter Gestank entgegenwehte. Endlich fühlte er im Moder seine kleine abgestoßene Blechkiste. Den Rucksack hatten sie ihm vor die Tür gestellt.

Er fand Arbeit bei einer gerade gegründeten kleinen Zeitung, deren Redakteur er kannte. Seine Schwester hatte ihm einen Schlafplatz auf dem alten Sofa im Wohnzimmer angeboten. »Bis du was anderes gefunden hast ... Das mit Lisa tut mir so Leid!«

Sie lebte mit ihrer Familie in der Nähe der Hoheluftbrücke in einem Mietshaus, das den Bombenhagel überstanden hatte, aber sie machte sich Sorgen wegen der Wohnung.

»Wenn wir nur nicht rausgeworfen werden und in eine Nissenhütte ziehen müssen! Wilhelm ist ja in der Partei gewesen! Der Hauswirt hat schon gesagt, dass er nicht mehr an arbeitslose Nazischweine vermietet!«

Hans legte ihr tröstend den Arm um die dünnen Schultern. »Ich trag was zur Miete bei! Und ich hör mich wegen einer Wohnung um!«

Morgens beim Aufwachen waren seine ersten Gedanken: nicht mehr das Gefangenenlager, schreiben können ohne Angst vor dem Schriftleiter. Aber dann wie eine Stichflamme, die ihn von innen versengte: Lisa, die nicht gewartet hatte, das Baby und Hermann, der immer alles, was seinem Bruder lieb war, an sich gerissen und zerstört hatte! Er trank den dünnen Malzkaffe, würgte ein bisschen Brot hinunter und verließ das Haus. Er schlurfte durch rotes Weinlaub, braungelbes Kastanienlaub; dann, wenn er sich der Hoheluftbrücke näherte, deren Pfeiler von zahllosen handgeschriebenen Zetteln überklebt waren, trat er auf immer mehr schmutziges, zerrissenes Papier. ›Tausche Silberlöffel gegen Kinderwagen!‹, ›Wer weiß etwas von Frau Anna Krause, zuletzt wohnhaft ...‹ Windstöße fegten Laub und Papier gegen die Pfeiler, legten das Pflaster frei, und wenn Hans nicht schnell genug den Blick hob, schienen die Risse im Asphalt sich zu öffnen und den Blick freizugeben auf eine Wand aus rohen Balken, auf denen Raureif glitzerte, auf schmutziges Stroh, auf eine trüb leuchtende Glühbirne.

Sein Chef hatte ihn nur einmal gefragt: »Und Lisa?«

»Verheiratet!«

Der Ältere zuckte die Achseln. »Pech, na ja!« Er schlug mit der rechten Hand gegen den leeren linken Ärmel, der mit einer Sicherheitsnadel hochgesteckt war, und er hielt ihn auf Trab: Er musste über die Empörung der Hafenarbeiter berichten, über Entnazifizierung und Demontagen. Also schrieb Hans über Trümmerfrauen und Kalorienzuteilung, über den armen Kerl, der sich das Privileg erkämpft hatte, in der Jahn-Schule die geleerte Tonne für die Schulspeisung auszukratzen. Er sichtete empörte und begeisterte Leserbriefe, als *Draußen vor der Tür*, das Stück eines jungen Dichters, von dem er noch nie gehört hatte, aufgeführt wurde. Aber er schrieb nicht über seinen Bruder Hermann, der bei der Waffen-SS gewesen war und dem es gelang, als Mitläufer eingestuft zu werden, über Hermann, der einen schwungvollen Schwarzmarkthandel mit Backpulver betrieb und bei dem Frau und Kind nicht hungern mussten.

Hans zeigte seinem Chef die Fotos, die er in Russland gemacht hatte, aber der schüttelte den Kopf. »Das Eisen ist mir zu heiß ...! Lass das, Junge! Ich kann mich mal umhören, aber wenn ich du wäre, ich würde die Finger davon lassen!«

Jeden Tag nahm Hans sich vor, seinen Bruder zur Rede zu stellen, aber er traute sich nicht. Hermann mit seiner lauten, derben Art! Er hatte schon immer vor ihm Angst gehabt. Bei jedem Streit hatte er den Kürzeren gezogen. Einmal gab er der Polizei einen Tipp, als er mitbekam, dass sein Bruder mit einem prallen Rucksack Richtung Talstraße marschiert war, aber Hermann gelang es, trotz der Absperrung zu entkommen.

Einen Tag vor Silvester klopfte der Hausmeister an die Wohnungstür. »Telefon für Herrn Sörensen.«

Hans folgte ihm verwundert. Er nahm den Hörer in die Hand. Eine leise, recht hohe Stimme fragte: »Hans Sörensen? Ich höre, Sie haben Fotos zu verkaufen. Ich hätte eventuell einen Interessenten. Wie wär's morgen Abend? Landungsbrücken, unten am Eingang zum Tunnel? So gegen 23.30 Uhr? Dann könnten wir handelseinig werden! … Sie sagen ja gar nichts?«

»Doch, doch, ich habe verstanden, ich werde da sein.«

Am Silvesterabend waren alle Geschwister bei seinen Eltern eingeladen. Er fürchtete sich vor dem Wiedersehen mit Lisa, aber sie kam nicht; die Kleine hatte Fieber. Dicht gedrängt saßen sie im Wohnzimmer und aßen den Karpfen, den seine Mutter organisiert hatte.

Hermann schlug Hans auf die Schulter. »Na, Alter, immer noch ärgerlich wegen Lisa? Komm, trink einen, mach nicht so 'n Gesicht, das ist keine Frau wert! Diese Weiber!«

Die Frauen waren zum Abwaschen in der Küche verschwunden.

Er blickte auf die Uhr: halb zehn – das war noch früh, aber er konnte es in der stickigen Stube nicht mehr aushalten. »Ich geh mal 'n bisschen an die frische Luft!«

Er zog seinen Mantel über, tastete über die Stelle, wo die Zigarettenschachtel sicher in einer Innentasche verstaut war, und ging hinaus in die schneidende Kälte. Plötzlich hörte er Schritte hinter sich. Hermann – der hatte ihm gerade noch gefehlt! Aber er wagte nicht, ihn zurückzuweisen. Eine Straßenbahn fuhr ratternd an ihnen vorbei und hielt mit kreischenden Bremsen an der Ecke.

»Du, Hans, warte mal! Ich kenne eine Kneipe am Vorsetzen, da gibt's was Besseres als Heißgetränke!«

Hermann lief los. Die Schaffnerin wartete, die Hand am Klingelzug, bis beide Brüder eingestiegen waren.

»Na, die beiden Herren, noch 'n büschen bummeln?«

»Und du hübsche lütte Deern, am Silvesterabend so ganz allein in der Straßenbahn?«

»Na, irgendwie muss das Geld ja rangeschafft werden. Ist ja 'ne Saukälte!« Sie zog an der Leine, und die Bahn setzte sich in Bewegung. »Sonst noch jemand zugestiegen?«

Ob er den Mann sofort erkennen würde? Er musste ganz kühl und gelassen bleiben. Wenn er bloß Hermann abschütteln konnte!

Die Schaffnerin stellte sich neben seinen Bruder. Hermann täschelte ihr väterlich die Wange. »Und der Herr Gemahl, hübsche kleine Frau?«

»Ach, der hat Fallschirmseide beim Tommy mitgehen lassen, der dumme Kerl, und sich erwischen lassen! Da haben die nicht viel Fisimatenten gemacht, jetzt sitzt er!«

»Wann bist du denn fertig mit deinem Dienst?«

»'ne halbe Stunde vor Mitternacht.«

Hermann flüsterte ihr etwas ins Ohr, sie kicherte.

Sie stiegen am Hafen aus. Mit einem nervösen Blick auf die Uhr am Turm der Landungsbrücken folgte Hans seinem Bruder in ein Lokal, aus dem verworrenes Geschrei und das Jaulen eines schlecht gespielten Akkordeons tönte. Sie zwängten sich an einen Tisch – ein Mann hockte, den Kopf auf die Hände gestützt, da; er murmelte vor sich hin: »Da is' nur noch 'n Loch, nur noch 'n riesiges Loch! Bin in Italien gewesen, beim Ami im Kämp, un' dann hab'n sie mich entlassen, aber wo unser Haus gestanden hat, da is' nur noch 'n Loch. Erika un' die Kinder war'n im Keller!«

»Da, trink 'nen Grog! Ich spendier dir einen!« Hermann winkte dem Kellner.

Hans sah auf die Uhr – noch eine halbe Stunde! Er murmelte eine Entschuldigung, drängte sich zum Hintereingang und lief rüber zu den Landungsbrücken. Noch zwanzig Minuten! Plötzlich hatte er Angst vor den feuchten Stufen, den gekachelten Gängen tief unter der Elbe!

Er stand auf dem Kai. Hinter ihm rülpste jemand: Hermann!

»Äh, der verdammte Karpfen! Du, hör mal, Hans, ich treff mich mit der kleinen Blonden, d-du weiß' von nichts, ja!«

»Lass mich in Ruhe mit deinen Weibergeschichten!«

»He, was is 'n auf 'mal mit dir los!«

»Hau ab!«

»Wo wills' denn hin! Hier geblieben!«

Hermann packte ihn und rülpste von neuem, der Gestank von Fisch und Rum kam wie ein Schwall aus seinem Mund!

»Lass mich los, ich hab eine Verabredung!«

»Ach, schieh mal an, d-der kleine Hans hat Geheimnisse! Du wills' dich doch nich' mit Lisa treffen! Die gehört mir! Is' das klar? Nur mir! Deine Lisa wollte ich schon immer haben! Hab sie überzeugt, dassu nich' mehr komms'. Na, du bis' eben ein Verlierer! Wars' du ja schon immer!«

Hans wollte sich losreißen, aber Hermann hielt ihn mit dem Starrsinn des Angetrunkenen fest – noch fünf Minuten – er zerrte vergeblich. Dann, während Hermann sein grinsendes Gesicht immer näher schob, stieß er ihn in verzweifelter Wut heftig vor die Brust.

Hermann taumelte und stürzte rückwärts über den Kai ins Wasser, es platschte und rauschte, er war verschwunden. Gleich darauf tauchte er wieder auf, gurgelte: »Hilf mir, der Mantel, arhh!«

Hans blickte sich um – irgendwo musste hier doch ein Rettungsring sein. Da! Er hing an einem verbogenen Geländer. Aber Hans bewegte sich nicht. Während die Sekunden qualvoll langsam vergingen, starrte er auf die abgeblätterte weißrote Farbe. Im Schein der Straßenlaterne sah er seinen Bruder im Wasser untergehen, das saugend und klatschend gegen die Mauer schlug. Kamen Ertrinkende nicht dreimal hoch? Endlich bewegte er sich, versuchte in fieberhafter Hast den Ring zu lösen, aber die steifen Bänder hatten sich im Haken verheddert, er riss mit gefühllosen Fingern an dem Ring. Hermann kam gurgelnd und nach Luft schnappend hoch. Der Ring schien sich zu lösen – Hans wollte ihn werfen – er fasste ins Leere – der Ring hing für einen Moment schwankend vor seinen Augen und löste sich dann in kleine flimmernde Kreise auf. Hans öffnete den Mund, wollte nach Hilfe rufen, aber er brachte nur ein Wort hervor, während Hermann im schwarzen, eiskalten Wasser versank: »Lisa!«

Eine schwere Hand legte sich auf seine Schulter. »Na, du?«

Er schrie auf vor Entsetzen, wagte aber nicht, sich umzudrehen, ahnte hinter sich die Uniform, den glänzenden Tschako, versuchte, den Kopf zu wenden, den Schupo abzulenken, damit dieser nicht aufs Wasser blickte, aber er konnte sich nicht bewegen. Sein Körper war steif vor Schmerzen, eine winzige Drehung des Nackens war eine ungeheuerliche Anstrengung, er hatte nicht mehr die Kraft dafür. Zwischen seinen Beinen lief eine stinkende, klebrige Brühe hinunter. Er lag. Wieso lag er? Dunkelheit, Stroh, rohe Balken, auf denen Raureif glitzerte ... Wo waren die Hafenlichter, seine kostbare Zigarettenkiste?

Das weiße Flimmern verdichtete sich zu einem Gesicht: Jakob, der mit ihm zusammen auf Patrouille gewesen war, als sie den Partisanen in die Hände gerieten.

»Mensch, Hans, was schreist du denn so, du brüllst ja die ganze Baracke zusammen!«

»Wo ...?«

»Leider immer noch Urjupinsk – ich kann's nicht ändern!«

»Gott sei Dank!«

Jakob setzte sich schwerfällig auf den Strohsack. »Hans, he, Hans ... bei dir piept's wohl! Na, wird das Fieber sein!

Nun sag doch was! Ernst, gib mir mal den Wasserbecher rüber.«

»Hat doch keinen Zweck mehr!«

»Ja, du hast Recht ... schon wieder einer!«

»Hast du seine Adresse? Armer Teufel!«

Jan Schröter

Genug ist genug

Jan Schröter

Genug ist genug

Hertha Reimann stand mitten auf der Fruchtallee, als die Fußgängerampel auf Rot umsprang. Fünf Sekunden später tobte das Inferno: Kühlerhauben schnappten nach ihr wie hungrige Krokodile, Hupen gellten und ein rotgesichtiger Zornbold mit Übergewicht sprang aus seinem Wagen, um eine wüste Schimpftirade abzulassen.

»Schleich dich, Oma!«, war alles, was Hertha Reimann davon mitbekam, aber da hatte sie bereits schwer atmend die rettende Verkehrsinsel erreicht. Hinter ihr startete der Verkehr mit verächtlich quietschenden Reifen.

Die zweite Etappe schaffte sie einigermaßen, aber ihr Bein schmerzte wieder. Der Oberschenkelhalsbruch war schlecht verheilt. »Das wird immer mal Probleme bereiten«, hatte der Arzt gesagt, als man sie vor einem Vierteljahr aus dem Krankenhaus entlassen hatte. »Mit sechsundsiebzig sollten Sie langsam daran denken, in ein Altersheim zu ziehen, Frau Reimann. Oder gibt es vielleicht Angehörige, die Sie aufnehmen würden?«

Gibt es nicht, dachte Hertha verbittert und wich einem

Kinderwagen aus, der vor dem Krimibuchladen den Fußweg an der Weidenallee blockierte. Dabei geriet ihr Stock beinahe einem Fahrradkurier in die Speichen, der haarscharf an ihr vorbeisauste. Kurt war damals nicht aus der Gefangenschaft zurückgekommen, ihr Baby hatte den Nachkriegswinter nicht überlebt. Nur mit genügend Geld könnte sie sich gute Pflege leisten. Vor den Altersheimen graute ihr. Da hielt sie lieber mühevoll die kleine Zweizimmerwohnung in Schuss, obwohl die Bude drei steile Treppen hoch in einem dunklen Eimsbüttler Hinterhof lag. Aber ihre Rente reichte kaum zum Überleben. Heute war erst der Zwanzigste, und sie ging zur Bank, um den letzten Fünfziger abzuheben, der musste bis zum Monatsende reichen. Früher hätte sie eine Nachbarin anpumpen können, aber heute kannte sie die Leute in ihrem Haus nicht mehr.

Aus dem grauen Hamburger Herbsthimmel begann es zu nieseln. Hertha Reimann fühlte sich absolut fehl am Platz.

Schleich dich, Oma.

Joachim Springer, genannt Joschi, hielt seinen Kumpel Kalle Jacob für ein Genie. Verglichen mit Joschi ließ sich so ziemlich jeder als Genie bezeichnen. Das minderte Joschis Verehrung für Kalle keineswegs. Zum Beispiel dieser Plan mit dem Banküberfall, der war wirklich großartig. Eine Minute vor der Mittagspause in die Filiale marschieren, Knarren rausholen, einen Bankheini die Tür abschließen lassen und in aller Ruhe den Tresor leeren. Niemand würde sich über die verschlossene Tür wundern – war ja Mittagspause. Einfach genial. Joschi wäre so etwas nie eingefallen. Wirklich ein Glücksfall, dass er in derselben Zelle wie Kalle gelandet war, als man ihn das letzte Mal nach Santa Fu verknackt hatte. Sonst wäre er jetzt bestenfalls mit Handtaschendiebstahl oder Autoradioklau beschäftigt.

Bewundernd sah er Kalle an, der neben ihm auf der Bank vor dem Kiosk Bellealliancestraße Ecke Fruchtallee saß und angestrengt zur Haspa rüberspähte.

Endlich kommt Kohle in die Kasse, dachte Kalle und sah auf die Uhr. Noch zehn Minuten bis zur Mittagspause. Joschi ist genau der richtige Partner – zu dumm, um mich hinterher reinzulegen. Und er macht alles, was ich sage. Auf Befehl legt der jeden um. Kalle hatte nicht vor, Zeugen zu hinterlassen. Einmal Santa Fu war genug. Deshalb brauchte er einen Mann fürs Grobe – jemanden wie Joschi. Aus den Augenwinkeln sah er, wie Joschi begehrlich zum Kiosk blinzelte. Kalle hatte ihm heute das Frühstücks-Holsten verboten.

»Los, Joschi! Wir gehen jetzt rüber. Und streif die Strumpfmaske erst über, wenn wir drin sind, klar?«

Joschi nickte und trabte ergeben hinter Kalle her.

Kassierer Groth beobachtete angespannt Hertha Reimann, die den Fünfzigmarkschein umständlich viermal faltete und mit tattrigen Fingern in ein Fach ihres Portemonnaies zu stecken versuchte. Schneller, Oma, du bist die Letzte, dachte er. Die hätte den ganzen Vormittag über

Zeit gehabt. Aber nein, sie kommt zwei Minuten vor Toresschluss. Und ich bin mit Gabi zum Essen verabredet.

Hertha Reimann spürte den Blick des Kassierers und zitterte noch stärker. Das ist mein Geld, dachte sie. Ich kann es mir holen, wann ich will. Der junge Mann soll nicht so ungeduldig sein, der hat sein Leben noch vor sich. Alle Welt ist heutzutage ungeduldig. Hertha fingerte am Portemonnaie herum und verschüttete reichlich Kleingeld. Ihre Nerven waren am Ende. Groths Kollegen Krämer und Kroll tippten sich viel sagend an die Stirn und verdrehten die Augen – da stürmten zwei maskierte Gestalten in den Raum.

»Hände hoch! Überfall!« Groth, Hertha Reimann und die beiden Kollegen hinter dem Schalter erstarrten. Kalle richtete seine Waffe auf Krämer und schrie ihn an: »Eingangstür abschließen!«

Mit erhobenen Händen näherte sich Krämer langsam der Eingangstür. Bevor einer der Gangster reagieren konnte, riss er sie auf und flüchtete. Sofort versuchte sein Kollege Kroll, den Alarmknopf unter dem Schalter zu erreichen.

»Leg ihn um!«, schrie Kalle. Joschi schoss. Kroll sackte zusammen. Joschi blickte verwirrt um sich. Irgendwas lief schief.

»Das Geld in die Tüte!«, herrschte Kalle den Kassierer an. Geschockt stopfte Groth Banknotenbündel in die Plastiktüte, die der Gangster ihm reichte. Jede Menge Scheine – Joschi spürte, wie bei diesem Anblick seine Sicherheit zurückkehrte. Sein Kumpel Kalle hatte alles im

Griff, gar kein Zweifel. In diesem Augenblick ertönten Sirenen. Momente später bremsten mehrere Polizeiwagen vor der Bank.

»Verdammt!«, fluchte Joschi. »Was machen wir jetzt?«

Kalle überlegte nicht lange. Auf so eine Situation hatte er sich vorbereitet. »Raus aus deinem Kasten«, knurrte er den Kassierer an. »Du gehst jetzt zu den Bullen und erzählst ihnen, dass wir ein Auto brauchen. Wir nehmen die Oma als Geisel, die ist leichter zu handhaben als du. Los, verschwinde!«

Mit einem scheuen Seitenblick auf die alte Frau zog Groth ab.

Hertha Reimann war allein mit den Gangstern. Immer ich, dachte sie. Leichter zu handhaben, sagt dieser Bengel. Mit mir können sie's machen. Meinen Fünfziger nehmen die mir bestimmt auch noch weg. Plötzlich merkte sie, dass sie nicht vor Angst zitterte, sondern vor Wut. Sechsundsiebzig Jahre alt, und alle hackten auf ihr herum. Sie sah auf die Pistolen und das viele Geld in der Plastiktüte. Alle nehmen sich, was sie brauchen. In einer Blechkiste mit Hupe hat man Vorfahrt, und Revolverschwinger pfeifen auf überzogene Girokonten. Sechsundsiebzig, krank und chronisch pleite – was sollte ihr eigentlich noch zustoßen? Hertha Reimann hatte genug.

»Der Wagen ist da!«, meldete Joschi vom Fenster aus. Kalle trat neben ihn, ohne die Geisel aus den Augen zu lassen, und spähte hinaus: Tatsächlich, eine Limousine fuhr vor. Der Fahrer stieg aus, öffnete demonstrativ die Wagentüren und entfernte sich. Hinter einer Absperrung staute sich der Verkehr auf der Fruchtallee, versammelten sich Schaulustige.

»Komm her, Oma!«, raunzte Kalle.

Die alte Dame straffte sich, blieb aber stehen. »Bedaure, meine Herren – ich spiele nicht mit.«

»Ich leg sie um«, erbot Joschi sich pflichteifrig.

Hertha Reimann konterte: »Ohne Geisel können Sie sich gleich gegenseitig verhaften.«

Kalle trat dicht an sie heran. »Was willst du, Oma?«

Sie musterte ihn kühl und erwiderte: »Meinen Anteil. Ein Drittel. Jetzt sofort.«

Kalle überlegte einen Augenblick, dann griff er in die Tüte und stapelte Geldbündel auf den Tresen. Hertha Reimann füllte schmunzelnd die Taschen ihres abgewetzten Wintermantels. Ein ganz neues Lebensgefühl. Joschi starrte entgeistert auf die vergnügte Geisel und verstand die Welt nicht mehr, bis sein Kumpan ihm zuraunte: »Wenn wir die Bullen abgehängt haben, machen wir die Alte fertig!«

Das verstand Joschi. Er kicherte. Der Kalle, der hatte es faustdick hinter den Ohren! Dem war nichts und niemand gewachsen, das war mal sicher. In stiller Vorfreude packte Joschi den Griff seiner Pistole fester.

»Auf geht's, Männer«, verkündete Hertha. »Ich geh voran, ihr bleibt mit gezogenen Waffen dicht hinter mir. Wir sind jetzt Partner! Zusammen kommen wir hier raus. Aber es muss echt aussehen – als ob ihr mich wirklich bedroht!«

Worauf du dich verlassen kannst, Oma, frohlockte Joschi und baute sich hinter Hertha Reimann auf. Kalle nickte und trat neben seinen Kumpel.

In dieser Formation verließen sie die Sparkasse. Hertha Reimann sah den abgeriegelten, freien Platz auf der Fruchtallee und das geparkte Fluchtauto. Polizisten drängten die neugierige Menschenmenge ab. Hinter geparkten Fahrzeugen ragten Gewehrläufe hervor. Hertha Reimann erfasste die Szene, schrie durchdringend und sackte zu Boden. Die Gangster fragten sich noch, was diese Aktion bedeutete, als schon die ersten Kugeln in ihre Körper schlugen.

Hertha öffnete erst wieder die Augen, als sie im Krankenwagen lag und der Beifahrer die Tür schließen wollte. Der Sanitäter lächelte sie freundlich an, sie lächelte zurück.

»Junger Mann, mir geht's schon wieder ganz gut. Tun Sie mir also einen Gefallen, bevor Sie mich ins Krankenhaus fahren: Würden Sie bitte nachsehen, ob meine Brille noch in der Bank liegt? Ohne das Ding kann ich nicht einmal ein Formular ausfüllen ...«

»Kein Problem, wird sofort erledigt!«

Kaum war der Sanitäter gegangen, stieg sie aus dem Wagen und verschwand im Gewühl der Menge Schaulustiger, die sich nicht weiter um Hertha Reimann kümmerte – eine unscheinbare Alte im zerschlissenen Wintermantel, die Taschen ausgebeult von wohltuend knisternden Geldscheinbündeln.

Barbara Wilson

Wie bitte?

Barbara Wilson

Wie bitte?

Quickborn.

Schlump.

Poppenbüttel.

Ich starrte auf einen Plan der Hamburger U-Bahn. Eine Station hinter Schlump sollte ich aussteigen, hatte Marianne gesagt. Marianne Schnackenbusch war eine Übersetzerin, die ich vor einer Woche auf der Frankfurter Buchmesse zufällig getroffen hatte. Als sie hörte, dass wir beide Gloria de los Angeles' neueste Kurzgeschichtensammlung übersetzten, sie ins Deutsche, ich ins Englische, hatte sie großmütig gesagt, ich müsste sie nach der Messe in Hamburg besuchen kommen. Sie und ihre Partnerin Elke hätten Unmengen Platz, und ich könnte bleiben, so lange ich wollte.

Es hörte sich perfekt an. Vorher hatte ich noch eine kurze Verpflichtung in Paris, aber danach wusste ich nicht recht, wohin. Meine Übersetzung war Ende November fällig, und ich hatte nicht das Geld, irgendwo Großartiges hinzufahren, um sie fertig zu stellen. Natürlich hätte ich in meinem kleinen Dachzimmer in Nicolas Haus in London bleiben können, aber um die Wahrheit zu sagen, war ich Nicola seit der Ankunft der kroatischen Lesbenkommune letzten Sommer eher aus dem Weg gegangen. Woher hätte ich denn wissen sollen, dass mein hochherziges Angebot vor vielen Jahren, ihre Gastfreundschaft in Zagreb zu erwidern, bedeutete, dass alle sechs im Juli auf Nicolas Türschwelle erscheinen würden?

Die Wohnung von Marianne und Elke lag in einem alten Stadtteil namens Schanzenviertel. Straßen voller Laub, hohe, elegante Wohnhäuser, Graffiti, Fahrräder überall, türkische und griechische Läden, die gerade aufmachten. Ich hatte den Nachtzug aus Paris genommen, und es war noch früh.

An der Tür schloss Marianne mich herzlich in die Arme. »Setz dich bitte, setz dich und iss. Du musst ja am Verhungern sein, die ganze Nacht im Zug. Du hättest uns sagen sollen, wann du ankommst. Wir hätten dich abgeholt.«

Sie war eine große Frau mit einer hennagefärbten lilaroten Haarmähne um ein breites, erwartungsvolles Gesicht. Sie war barfuß und trug einen rotseidenen Morgenmantel. Aus unseren ersten kurzen Gesprächen wusste ich, sie war die Tochter eines deutschen Kommunisten, der vor dem Krieg nach Chile geflohen war, und einer chilenischen Mutter. Sie hatte mir erzählt, dass sie neben den Übersetzungen auch Vorlesungen über lateinamerikanische Literatur an der Uni hielt. Vom Flur aus konnte ich sehen, dass Übersetzen und Unterrichten in Deutschland offenbar besser bezahlt wurden als in England: Die Wohnung wirkte riesig und war voller Orientteppiche, großer

Ledersofas und Stühle. Die Bücherregale reichten bis unter die hohen Decken.

»Sie ist ein bisschen einschüchternd«, hatte meine Freundin Lucinda in Paris mir erzählt. »Eine Kombination aus lateinamerikanischem Temperament und preußischem Durchsetzungsvermögen. Aber großzügig bis zum Exzess; sie wird gut für dich sorgen.« Lucinda war so arm wie ich und wusste, was Besuche bei Leuten mit Waschmaschinen, Trocknern und Faxgeräten wert waren. Lucinda lebte zur Untermiete in einem Studio von der Größe einer Fahrstuhlkabine und übte eine der wenigen literarischen Tätigkeiten aus, die noch schlechter bezahlt wurden als Übersetzungen: Sie schrieb Gedichte.

Elke saß schon am Küchentisch, der mit einer Unmenge Platten mit Wurst und Käse und Gläsern mit Brotaufstrich und Eingemachtem gedeckt war. Sie sah viel zarter aus als Marianne, auch älter, mit schmalen Schultern, kurzem, graublondem Haar und einer Brille mit kleinen runden Gläsern. Wenn man ihre Falten übersah, erinnerte sie an einen jungenhaften Bolschewiken in einem Hollywoodfilm über die Oktoberrevolution.

»Im Augenblick nur Kaffee«, sagte ich.

»Nein, nein«, sagte Marianne und schob mir alle möglichen Dinge hin, während sie sich selber setzte. »Nein, du musst essen. Es ist so aufregend für mich, Glorias Übersetzerin hier zu haben. Es gibt so vieles, das ich mit dir bereden möchte. Die Geschichten gefallen mir unheimlich gut; sie flutschen nur so.«

Ich warf ihr über den Tisch einen erstaunten Blick zu. In

Frankfurt hatten wir nicht die Zeit gehabt, den literarischen Wert von Glorias Werken zu diskutieren. Ich war einfach davon ausgegangen, dass sie ihnen genauso ambivalent gegenüberstand wie ich. »Na ja, ich finde Gloria immer ziemlich leicht zu übersetzen«, sagte ich vorsichtig. »Es gibt eine gewisse ... Gleichförmigkeit in all ihren Arbeiten.«

»Ja«, sagte Marianne, bestrich ein halbes Brötchen zierlich mit dicken Schichten Sahnequark und verschlang es dann in einem Bissen. »Genau das gefällt mir so gut, dass man sich immer darauf verlassen kann, dass sie so überladen schreibt. Neben ihr wirken andere Autorinnen trocken, aber sie ist sinnlich, opulent, vielschichtig und lebendig. Ich versinke einfach in ihren Büchern wie in einem dicken Federbett, wie in einem warmen, parfümierten Bad.«

»Sie haben tatsächlich etwas sanft Einlullendes«, murmelte ich.

»Ja, genau«, sagte Marianne, aber Elke sagte: »Cassandra meint, sie sind sentimentales Gesäusel, meine Liebe. Und ich fürchte, ich stimme dem zu.«

»Nein, das meint sie nicht«, sagte Marianne gutmütig. »Schließlich hat Cassandra Glorias sämtliche Bücher ins Englische übersetzt.«

Zum Glück wechselte Elke das Thema. »Ich muss gleich zur Arbeit. Ich wünschte, ich könnte bleiben und Marianne dabei helfen, dir die Stadt zu zeigen. Aber wir haben bei der Arbeit ein paar ziemlich nervige Probleme.«

»Nicht nur die üblichen Probleme zwischen Chefs und

Arbeitern«, sagte Marianne empört. »Drohungen. Schreckliche Drohungen.«

»Aber arbeitest du nicht bei einer Vogelbeobachtungsgesellschaft?«, fragte ich, unsicher, ob Marianne mich richtig informiert oder ob ich sie richtig verstanden hatte.

»Ja, ja«, sagte Elke. »Jedenfalls war sie das, als sie ursprünglich mal gegründet wurde. Etwas wie eure Audubon-Gesellschaft in Amerika, glaube ich. Aber heutzutage kann man Vögel nicht beobachten, ohne zu merken, wie sehr sie durch den Verlust ihrer Lebensräume und so weiter bedroht sind, und das hat einige unserer Mitglieder zu ausgesprochenen Aktivisten gemacht. Wir versuchen, Land zu kaufen, und schreiben Briefe an Politiker. Außerdem planen wir in zwei Wochen eine große Demonstration. Und natürlich sind ein paar Mitglieder wegen dieses Aktivismus nervös geworden, der für sie einer Konfrontation mit dem Staat gleichkommt.«

»Aber wer bedroht wen?«

»Unsere ganze Organisation bekam einen Drohbrief per Post, mehrere Drohbriefe. Den ersten vor zwei Wochen, letzte Woche wieder einen und gestern noch einen. Es geht darin um unsere derzeitige Zielsetzung, einen Abschnitt der Elbe zu retten. Vor nicht allzu langer Zeit bildete dieser Abschnitt nicht weit von Hamburg die Grenze zwischen Ost- und Westdeutschland und wurde darum nie genutzt. Wenn man hinfährt, sieht man alte Bauernhäuser und sonst fast nichts. Aber jetzt, nach der Wiedervereinigung, wollen sie beide Seiten bebauen und, was von unserem Standpunkt – das heißt vom Standpunkt der Vögel aus – noch schlimmer ist, sie wollen den Fluss ausbaggern, um ihn tiefer zu machen, und die Ufer für die Schifffahrt mit Beton befestigen und so weiter.« Elke stand auf. »Wir wollen natürlich nicht, dass das geschieht. In Europa gibt es nur noch sehr wenig unerschlossenes Land, besonders keine Feuchtgebiete. Also kämpfen wir.« Sie wickelte sich einen Schal mehrmals um den Hals und zog ihre Jacke an. »Und irgendwem gefällt das nicht.«

Kaum war sie gegangen, kam Marianne wieder auf Glorias Schreiben zurück. »Ich übersetze gerade die Geschichte von dem Dienstmädchen und dem General«, sagte sie.

»Ach ja, die.«

»Was für einen hintergründigen Humor Gloria hat, findest du nicht?«

»Tja ...«

»Aber das bewundere ich so an Gloria. Sie kann ganz hintergründig und subtil sein und dann wieder völlig überschäumend und drastisch. Sie hat ein so vielschichtiges Talent.«

»Drastisch, ja«, sagte ich schwach.

Marianne verputzte die restlichen Brötchen und noch mehrere Tassen Kaffee, während sie über Gloria plauderte. Dann zeigte sie mir mein Zimmer, das groß und hell war. Es hatte Aussicht auf einen Innengarten, wo die Linden und Eschen golden und gelb wurden. »Und an diesem Schreibtisch wirst du arbeiten«, sagte sie. Er war altmodisch und aus Walnuss, ein Schreibtisch, von dem ich immer geträumt hatte, mit grünem Löschpapier und einer Schreibtischlampe mit einem warmen braunen Papierschirm. Ein hohes Bücherregal an einer Wand stand voller Romane in Französisch und Spanisch. Auf dem Boden lag ein türkischer Teppich, und es gab eine Chaiselongue mit vielen Kissen.

»Ich hoffe, es gefällt dir«, sagte Marianne besorgt.

»Es ist wunderbar!«

»Und das Beste ist, dass wir später, wenn du mit der Übersetzung deiner Gloria fertig bist und ich mit meiner, lange Abende vor uns haben, um über sie zu diskutieren.«

Aber heute sollte nicht gearbeitet werden. Heute wollte Marianne mir Hamburg zeigen. Sie fuhr mich an der Universität vorbei und durch Parks mit Teichen und durch Parks mit Statuen. Sie lud mich zu einem teuren Essen in einem Restaurant gleich neben dem Rathausplatz ein und erzählte mir alles, was sie über die Geschichte Hamburgs wusste. Es war eine ganze Menge.

Die Geschichten, die sie mir erzählte, spiegelten die Entwicklungsstadien der Stadt: die wenigen Fachwerkhäuser mit mittelalterlichem Flair, die hohen, schmalen Häuser an den holländisch aussehenden Kanälen, die zwischen modernen Bürohäusern im internationalen Stil eingeklemmt waren. Die Stadt hatte eine Großartigkeit, die mehr auf ihrer Gediegenheit als auf besonderer Eleganz beruhte. Sie sah aus wie eine Stadt, in der Geschäfte getätigt wurden und schon immer getätigt worden waren. Sie sah solide, kaufmännisch und erfolgreich aus. Und doch war auch dieser Eindruck von Solidität und Dauer illusorisch. Denn seit dem Mittelalter war die Stadt wieder und wieder durch Feuer zerstört worden, und während des letzten Krieges hatten die alliierten Bombenangriffe große Teile der Stadt dem Erdboden gleichgemacht.

Der Hafen, das Herz von Hamburg, wo Marianne mich jetzt hinfuhr, war von den Bomben praktisch zerstört worden. Aber jetzt war davon nichts mehr zu sehen. Riesige Containerschiffe aus der ganzen Welt schoben sich, von Lotsenschiffen begleitet, langsam vorbei. Kleinere Fischer- und Vergnügungsboote wühlten um sie herum das Flusswasser auf, das an diesem strahlenden Herbsttag und aus der Entfernung blaugrün glitzerte. Wir schlenderten die Promenade entlang und kamen zum Binnenhafen, wo, wie Marianne sagte, eine Überraschung auf mich wartete.

»Es ist komisch«, sagte ich, während ich mich zwischen den riesigen Backstein-Lagerhäusern und den vielen hölzernen Docks umschaute. »Ich bin noch nie hier gewesen, und doch kommt es mir bekannt vor.«

»Ein Traum?«

»Nein«, sagte ich und erinnerte mich plötzlich. »Es war ... es war ein Sprachkurs im britischen Fernsehen, ach, vor etwa zwanzig Jahren, als ich zum ersten Mal in London war. Es war kein gewöhnlicher Sprachkurs, er hatte eine fortlaufende Handlung und spielte in Hamburg, im Rotlichtbezirk und am Hafen.«

»Du kannst also Deutsch!«

»Wie bitte?« So hatte der Name der Sendung gelautet. »Ich bin mit den Lektionen nicht sehr weit gekommen«,

musste ich gestehen. »Normalerweise war ich so gefesselt von der Handlung, dass ich vergaß, auf die grammatischen Konstruktionen zu achten. Und wenn nach etwa fünfzehn Minuten Handlung Fragen gestellt wurden – ›Was tat Peter an dem Abend im Rotlichtbezirk?‹ oder ›Was sagte Astrid, als der Mörder seine Pistole zückte und sie hinten ins Boot stieß?‹ –, konnte ich sie nie beantworten.«

»Aber dein Deutsch kommt wieder, wenn wir üben«, sagte Marianne. Gemeinsam stiegen wir eine Metalltreppe zu einem hölzernen Dock an einer der Hafenwände hinunter. »Hier ist es.« Vor einem Boot namens *Juliette* blieb sie stehen. »Es ist Elkes Boot. Genau genommen gehört es Elke zusammen mit ein paar anderen, die auch für die Vogelbeobachtungsgesellschaft arbeiten. Es ist das offizielle Schiff ihrer Bewegung geworden. Sie fahren es mit Spruchbändern auf die Elbe hinaus und laden Presse und Fernsehteams dazu ein.«

Wir stiegen ins Boot, und Marianne schloss die Kabine auf. Es war ein schönes altes Motorboot, groß genug für zehn oder zwölf Personen, mit einer kleinen Schlafkoje und einer winzigen Toilette hinter der Kapitänskajüte.

»Ich wünschte, die anderen, die das Boot benutzen, würden ein bisschen besser aufräumen, ehe sie gehen«, sagte Marianne und griff nach einem Eimer und einem Seil, die mitten in der Kapitänskajüte stehen geblieben waren. »Elke hinterlässt es immer tadellos.«

»Oh, nein«, sagte sie, als sie den Inhalt des Eimers sah. Es war eine Seemöve, deren Genick mit einer Metallschlinge gebrochen worden war. An dem Metall war ein

Stück Papier befestigt, aber die Schrift war so von Blut durchtränkt, dass man die Nachricht kaum entziffern konnte.

Marianne wurde so rot wie ihre Haare. »Also jetzt reicht's. Ich finde wirklich, sie sollten nicht länger versuchen, das geheim zu halten. Sie sollten sich sofort an die Medien wenden.«

»Was ist mit der Polizei?«

»Ja, die auch. Nicht dass ich glaube, sie würden helfen.«

Ich sah zu, wie Marianne den Eimer aufs Dock stellte, und nahm an, wir würden folgen und sie würde sich nach der nächsten Telefonzelle umsehen. Aber stattdessen drehte sie den Zündschlüssel und die Maschine sprang mit viel versprechendem Grummeln an.

»Wenn die sich einbilden, sie könnten mir das Vergnügen kaputtmachen, meiner Freundin den Hafen und den Fluss zu zeigen, dann irren sie sich. Wir kümmern uns darum, wenn wir zurückkommen.«

Es war eine aufregende Sache, zwischen all den anderen Booten auf dem Fluss zu sein. Die Containerschiffe ragten über uns auf wie Wohnblocks, und selbst die Schlepper schienen fünfmal so groß. Das Wasser, jetzt ganz nah, war blassgrün, leicht verschmutzt, und roch mehr nach Fluss als nach Salz. Wir tuckerten an der Promenade über uns und an den großartigen, abgerundeten Hafengebäuden vorbei, dann passierten wir die City in Richtung des weit entfernten Meeres, und Marianne zeigte auf Restaurants und Villen, auf Strände, wo früher gebadet wurde, und auf die bunt bemalten Asylantenschiffe, in denen Ausländer wohnten, die in der Hoffnung auf Unterschlupf oder wirtschaftliche Möglichkeiten nach Deutschland gekommen waren.

Auf unserer Fahrt nach auswärts war Marianne entschieden gut gelaunt, erzählte Geschichten vom Fluss und von Ausflügen, die sie gemacht hatten, sprach mit Verve und Zorn über politische Probleme und kam wieder und wieder auf Gloria de los Angeles und ihr vielseitiges Talent zurück.

»Das sage ich dir«, übertönte sie das Dröhnen des Motors, »für diese Schriftsteller, die absichtlich unverständlich schreiben, habe ich nichts übrig. Ich bin in einer sehr politischen Familie aufgewachsen, mein Vater war mit Neruda befreundet, und ich war immer der Überzeugung, dass Schreiben dem Volk dienen und allgemein zugänglich sein sollte. Zum Beispiel gibt es da eine lateinamerikanische Schriftstellerin, für die manche schwärmen, aus der ich mir aber gar nichts mache. Man hat mich gebeten, ihre Bücher zu übersetzen, aber ich frage nur, wozu die Mühe? Sie schreibt ohne ersichtlichen Grund regellos und dumpf. Ich hoffe, sie wird nie ins Deutsche übersetzt. Von solchen Schriftstellern haben wir schon genug.«

»Du meinst doch nicht Luisa Montiflores?«

»Genau! Kennst du sie?«

»Sie ...« Tatsächlich hatte ich erst vor ein paar Tagen einen Brief von Luisa bekommen. Sie hatte von Nicola erfahren, dass ich in Deutschland war, und verlangte, dass ich ihr half, eine deutsche Übersetzerin zu finden. »Du bist doch da, du musst Kontakte haben«, schrieb sie.

»He! Passt doch auf! Aus dem Weg! Puh. Würdest du jetzt gern steuern lernen?«

Das beanspruchte für eine Weile unsere sämtlichen Energien, und ich fand es wahrhaft erregend, wenn auch ein wenig beängstigend, die *Juliette* die riesige Wasserstraße entlangzulotsen. Aber ich sah, dass Marianne, je näher wir dem Binnenhafen kamen, mehr und mehr über den Vogel mit dem gebrochenen Genick nachgrübelte.

»Wer diese Leute auch sind, sie sind Ungeheuer«, brach es schließlich aus ihr hervor.

»Wer will denn diesen Abschnitt der Elbe eigentlich ausbauen?«

»Das ist es ja eben. Viele Konzerne, Speditionsunternehmen und Industrielle würden davon profitieren. Sie sind so mächtig, wieso sollten sie zu so billigen, miesen Tricks greifen?«

»Sie müssen mehr Angst vor Elke und ihrer Gruppe haben, als du denkst.«

»Jedenfalls rufe ich Elke an und überrede sie, mit dem armen Vogel eine Pressekonferenz zu veranstalten. Sobald wir zurück sind.«

Aber als wir die Anlegestelle der *Juliette* erreichten, war der Eimer verschwunden.

Am selben Abend fand in Mariannes und Elkes Wohnung ein Meeting statt, an dem acht Personen von der Kerngruppe der Vogelschützer teilnahmen. Einige von ihnen waren abgeklärt wirkende ältere Leute, nur eine Person war unter dreißig, eine stille, glatzköpfige Frau mit erstaunlichen Tätowierungen. Zwei Männer kamen zusammen, der eine sehr groß und der andere sehr rund, und ein mittelaltes Paar mit einem neugeborenen Baby. Sie waren die Einzigen, deren Namen ich mitkriegte, Karin und Helmut. Das Baby hieß Sappho, was viel versprechend klang, auch wenn sie einen ungewöhnlich spitzen Kopf hatte. Marianne beschloss, an dem Meeting teilzunehmen, aber ich zog mich in mein Zimmer zurück, um nicht im Weg zu sein, und arbeitete bald im Licht der Lampe auf dem wunderschönen Schreibtisch an meiner Übersetzung. Vielleicht war ich wirklich *zu* elitär. Glorias Bücher hatten Millionen von Menschen erreicht und ihnen große Freude bereitet. Wer war ich, darüber zu richten? Vielleicht machten die langen Jahre meiner Verbindung mit Luisa Montiflores, die Gloria de los Angeles und alles, wofür sie stand, mit einer beängstigenden Leidenschaft hasste, es mir unmöglich, Gloria objektiv zu sehen. Ich las den Absatz noch einmal, den ich gerade übersetzte:

> »Er nahm sie leidenschaftlich; wie im Traum gab sie sich hin. Sie paarten sich frenetisch, Stunde um Stunde, aßen nicht, tranken nur den glühenden Schweiß des anderen. Tage vergingen, Wochen. Eines Tages stand er auf, als hätte ein Wecker geklingelt. Im Spiegel betrachtete er seinen Bart, seine ausgezehrten, fiebrigen Glieder. Und er ging.«

Es war wie ein warmes, mit Patchouli-Öl parfümiertes Bad. Aber es war keine große Literatur. Ich musste für meine Überzeugung einstehen. Das heißt, ich musste meine wirkliche Meinung erst mal äußern, bevor ich sie verteidigen konnte. Aber mir graute davor.

Als das Meeting etwa eine Stunde im Gange war, fing Baby Sappho an zu schreien, ein Lärm, der ganz am anderen Ende des Flurs im Wohnzimmer anfing und näher kam, bis er vor meiner geschlossenen Tür anhielt. Zwischen den Schreien hörte ich die Stimmen ihrer Eltern, die zunächst versuchten, das Baby zu beruhigen, dann jedoch zu einem anderen Thema überzugehen schienen: Probleme damit, wie sich das Vogelschützer-Meeting entwickelte. Helmut, der mir bei der Vorstellung liebenswürdig und beflissen vorgekommen war, das Musterbild eines stolzen Vaters von fünfundvierzig Jahren, klang erbittert, obwohl bei meinen begrenzten Deutschkenntnissen schwer zu verstehen war, wieso. Karin schien in der Defensive. Die einzigen zwei Wörter, die ich aufschnappte, waren »Kapitalisten« und »Polizei«.

Zu blöd, dass ich damals bei der *Wie bitte?*-Serie nicht besser aufgepasst hatte. Warum nicht? Per Willenskraft versetzte ich mich viele Jahre zurück nach Bayswater, in das kleine, schäbige Wohnzimmer des Hauses, in dem ich bei einer Freundin und ihrer Mutter wohnte (gleich von Anfang an kein eigenes Zuhause!). Ich hatte das Mädchen in Madrid kennen gelernt und war ihr nach London gefolgt. Sie arbeitete als Übersetzerin, was ich so faszinierend fand, dass ich beschloss, es selbst zu versuchen. Dabei war sie ein ziemlich langweiliges Mädchen. Ihre Vorstellung von Vergnügen bestand darin, zu Hause zu sitzen und Sprachprogramme anzusehen. Meine Vorstellung von Vergnügen bestand darin herauszufinden, wie ich sie vom Fernsehen ablenken konnte. Schließlich hatte mich ihre Mutter gebeten abzureisen – ehe die Serie noch zu Ende war!

Sappho beruhigte sich schließlich und das Paar kehrte zur Sitzung zurück. Endlich gingen alle und es klang, als wären auch Elke und Marianne zu Bett gegangen. Aber auf dem Weg zum Badezimmer stieß ich zu meiner Überraschung auf Elke, die ausgehfertig angezogen war. Es war fast Mitternacht. In ihrer schwarzen Lederjacke, Palästinenser-Tuch und Lederkappe sah sie einer russischen Revolutionärin ähnlicher denn je.

»Ich werde mit einem der anderen heute Nacht auf dem Boot schlafen«, erklärte sie. »Wir möchten sichergehen, dass der *Juliette* nichts zustößt. Für dieses Wochenende planen wir auf der Elbe eine Demonstration mit mehreren Booten, und die *Juliette* soll sie anführen.«

»Wie sehen die Drohbriefe eigentlich aus?«, fragte ich. »Hat die Gruppe irgendwelche Vermutungen darüber, wer sie geschrieben hat?«

»Wer sie *wirklich* geschrieben hat und von wem wir denken sollen, dass er sie geschrieben hat, das könnten zwei sehr verschiedene Dinge sein.«

»Wie meinst du das?«

»Es sieht so aus, als wären sie von einer gebildeten Person geschrieben, die den Simpel spielt. Computerausdruck, aber ein paar falsch geschriebene Wörter. Komm«, sagte sie und führte mich wieder in das gemütliche Wohnzimmer, wo Marianne, einen Stapel Papiere neben sich, mit Kopfhörern Musik hörte. Im Morgenmantel sah sie aus wie ein großer roter Bär. »Ich lese Übersetzungen von Studierenden«, rief sie fröhlich.

Elke nahm einen Ordner vom Couchtisch und zog einen Computer-gedruckten Brief heraus. »Dies ist der erste: VOGELSCHÜTZER ACHTUNK. GEGEN UNS KÖNNT IHR NICHT GEWINNEN. GEBT AUF, ODER IHR BEREUT ES.«

Sie hielt einen weiteren hoch. »Und später schreiben sie: »WENN IHR MIT DER GEPLANNTEN DEMONSTRAZION WEITERMACHT, WIRD ES EUCH LEID TUN.«

»Die kommen einem irgendwie unecht vor«, stimmte ich zu. »Aber woher wusste er oder sie von der Demonstration?«

»Gute Frage, da wir sie zu dem Zeitpunkt noch nicht öffentlich angekündigt hatten. Trotzdem, ein großes Geheimnis war sie nicht.«

»Könnte es ein Spion sein oder jemand, der sich eingeschlichen hat?«

»Wir sagen es nicht gern, aber ein paar von uns glauben, es ist jemand aus der Gruppe, der vielleicht nicht zum Kern gehört, aber doch zu den weiteren Kreisen. Große Konzerne schicken keine kleinen Zettel mit der Aufschrift ›Lasst die Sache fallen, oder ihr werdet es bereuen‹. Sie haben Anwälte und Geld, um die Politiker zu bestechen. Warum sollten sie eine Möwe erwürgen und in unser Boot legen? Es ist im Grunde ziemlich kindisch.«

»Habt ihr das Thema in der Kerngruppe angeschnitten? Bei dem Treffen heute Abend?«

»Nein ...«

»Warum nicht?«

»Weil es so viel leichter und üblicher ist, das Böse außerhalb zu suchen. Alle sagen, wir müssen wachsam sein und früher oder später wird sich der Schuldige verraten.«

Das hörte sich an wie ein Satz aus *Wie bitte?* Und plötzlich blitzte wie im Traum das Bild einer Katastrophe im dunklen Hafen in mir auf, jemand wurde mit einem Schlag auf den Hinterkopf ausgeschaltet und ins Wasser geworfen. Die Lektion über Passivkonstruktionen vielleicht.

Aber als Elke zur Tür hinausging, dachte ich, wenn ein Kind eine Möwe erwürgt, würden wir das nicht kindisch nennen. Wir würden es höchst beunruhigend finden.

Die nächsten Tage verliefen nach dem gleichen Muster. Jeden Morgen um sieben (da ich mit dem Nachtzug aus Paris angekommen war, hielt Marianne mich für eine Frühaufsteherin, was keineswegs zutraf) klopfte Marianne forsch an meine Tür und rief: »Breakfast, Cassandra«, oder auch: »Frühstück, Cassandra.« Seit ich ihr von *Wie bitte?* erzählt hatte, testete sie spielerisch meine Deutschkenntnisse, indem sie Wörter in unsere spanische und englische Unterhaltung einstreute. Je mehr Wörter ich kannte, desto mehr streute sie ein. »Ehe du abreist, werden wir nur noch Deutsch reden.«

Theoretisch hatte ich die Tage für mich, in meinem wunderschönen, friedlichen Zimmer, aber Marianne klopfte dauernd und störte mich. Sie fragte, ob ich noch Kaffee wollte, brachte kleine Tabletts mit Häppchen, sagte mir, sie ginge einkaufen – ob ich mitkommen und mein Lieblingsessen aussuchen wollte, oh ja, es wäre doch bestimmt amüsant für mich, einen der kleinen türkischen Läden in der Nachbarschaft zu besuchen, und auch wichtig, Türken von Angesicht zu Angesicht kennen zu lernen, sie hatten es so schwer in dieser schrecklichen Stadt, sie hatte das selbst erlebt, als sie nach ihrer Jugend unter freigeistigen Kommunisten in Santiago hier an die Uni gekommen war und sich durchsetzen musste, deutscher als die Deutschen werden musste, aber oh, sie sollte mich wirklich nicht stören, und dann machte sie leise und entschuldigend die Tür zu und schlich auf Zehenspitzen davon. Eine halbe Stunde später war sie wieder da, um mir ein Interview mit Gloria in einer Berliner Zeitung zu zeigen oder einen Artikel in einer chilenischen Zeitschrift oder die Kopie einer Rede von Neruda aus dem Exil. Manchmal füllte sich die Wohnung mit Klängen von ihrem teuren CD-Spieler. Strawinskis *Sacre du printemps* war eins ihrer Lieblingsstücke.

Sie war so gutmütig und enthusiastisch, so spürbar froh über meinen Besuch, dass ich mir ganz ungehobelt vorkam, wenn ich ihre Einladungen ablehnte oder so tat, als hörte ich sie nicht rufen, und sogar davon träumte, meine Tür abzuschließen. Trotzdem, als Elke mich eines Tages fragte, ob ich zu einer Vogelbeobachtungstour in der Nähe mitkommen wollte, sagte ich so freudig zu, dass sie ganz verdutzt war. Hätte meine Freundin Lucy Hernandez das gesehen, sie wäre überrascht gewesen. Seit Jahren hatte sie versucht, mir ein Fernglas in die Hand zu drücken und mir zu erklären, dass ein Rotkehlchen und ein Sperling nicht das Gleiche waren.

»Es ist keine ernsthafte Unternehmung«, warnte mich Elke. »Aber Karin führt jeden Monat eine Gruppe durch den einen oder anderen Hamburger Park, zeigt die heimischen Vögel und bespricht ein Thema wie Nestbau oder Zugvogelrouten. Für Anfänger oder Eltern mit Kindern ist es sehr nett.«

»Ich brenne darauf mitzukommen«, versicherte ich ihr.

Ein paar Stunden später saß ich mit Karin auf einer Bank in einem dicht mit goldbelaubten Bäumen bestandenen Park, während sie Baby Sappho stillte. Ich hatte den Unterschied zwischen Rotkehlchen und Sperling begriffen, sogar die deutschen Namen gelernt. Lucy würde schon sehen. Der Rest der kleinen Gruppe schlenderte um einen kleinen Teich herum, besah sich die Enten, und die Kinder fütterten sie.

»Ist das Ihr erstes?«, fragte ich Karin. Im hellen Tageslicht sah sie älter aus als bei dem abendlichen Treffen. Weit über vierzig, mit weißen Strähnen im dunklen Haar.

»Ja. Ist das so offensichtlich? Ich versuche dauernd, allen vorzumachen, es sei das Einfachste von der Welt, obwohl es vor fünfzehn Jahren natürlich viel einfacher gewesen wäre! Helmut ist noch schlimmer. Wir versuchen, fortschrittlich zu sein und uns die Kinderbetreuung zu teilen. Was bedeutet, dass jeder von uns überzeugt ist, der andere macht es nicht richtig.« Sie gähnte. Der herbstliche Sonnenschein war erfreulicherweise nicht heiß, machte aber trotzdem müde. »Erst gestern Abend hatten wir

Krach«, sagte Karin. »Wir waren lange auf und diskutierten noch mal die Sache mit den Drohungen gegen die Gruppe. Helmut nimmt das sehr ernst. Er will nicht, dass ich das Baby auf die Demonstration mitnehme, weil er Angst vor Gewalt hat.«

»Rechnen Sie mit Gewalt?«

»Ach, mit der Polizei gibt es immer was«, sagte Karin achselzuckend. »Im Lauf der Jahre bin ich bei einigen Demonstrationen gewesen, wo ich um ein Haar verprügelt worden wäre. Aber von derartigen Situationen will ich das Baby selbstverständlich fern halten. Andererseits ist es wichtig, dass wir Babys und Kinder auf die Demonstration mitnehmen. Wir wollen zeigen, was die Zerstörung des Watts und der Vogelgebiete für ihre Zukunft bedeutet.«

»Na, wie war die Vogelbeobachtung?«, fragte Elke, als ich wiederkam. Marianne war zum Glück an der Uni, wo sie ihren schwärmerischen Studierenden zweifellos Vorlesungen über Gloria de los Angeles hielt. Elke goss mir ein Glas Wein ein, und ich versank in einem der riesigen Ledersofas.

»Es war wunderbar, draußen zu sein, mal rauszukommen«, sagte ich. »Elke, erwartet ihr Gewalttätigkeiten bei der Demonstration? Ein richtige Konfrontation mit der Polizei?«

»Wir werden es nicht darauf anlegen. Aber wir könnten provoziert werden.« Nachdenklich nippte sie an ihrem Wein, ganz die nüchterne Bolschewikin.

»Von der Polizei?«

»Möglicherweise. Aber um ehrlich zu sein, ein paar Leute in der Kerngruppe machen mir auch Sorgen, nicht die älteren, aber diese junge Frau mit den Tätowierungen zum Beispiel, Astrid, die so wenig sagt. Sie ist Ökologin und versteht enorm viel von der Vielfalt der Natur, aber davon abgesehen weiß ich nicht viel über sie. Sie ist ein bisschen vage, was ihre Vergangenheit betrifft.«

»Die DNA-Spirale auf ihrem Arm gefällt mir«, gestand ich, und Elke lächelte.

»Tja, Astrid hat mir gesagt, sie fand dich faszinierend.«

»Was ist mit den beiden Männern in Lederjacken, Groß und Rund?«

»Die kenne ich ziemlich gut«, sagte Elke. »Mit dem Großen, Peter, habe ich vor langer Zeit in der Anti-Atomkraft-Bewegung zusammengearbeitet. Damals war er ziemlich kampflustig. Ich habe mich manchmal gefragt, ob Peter versucht, unsere Gruppe zu einer härteren und aggressiveren Haltung zu bewegen. Aber dann denke ich wieder, er sieht unsere Schwierigkeiten ziemlich klar, und das ist gut.«

»Und der Runde?«

»Bis jetzt ist Kurt politisch nicht sehr aktiv gewesen. Ich denke, er ist einfach Peters Gefolgsmann. Aber sein Interesse an Vögeln ist aufrichtig. Er ist ein begeisterter Ehrenamtlicher.«

»Was ist mit Karin?«

»Karin war früher eine Hochleistungsaktivistin, aber das hat sich geändert, seit sie mit Helmut zusammen ist. Er hatte in den Siebzigern und Achtzigern mit nichts was am Hut, dabei ist mir schleierhaft, wie das möglich ist.«

»Karin sagt, er ist nervös wegen der Demonstration.«

»Ich kann mir nicht vorstellen, dass er eine Möwe erwürgt«, sagte Elke. »Er ist nicht der Typ dafür.«

»Hätte irgendeiner von ihnen die Briefe schreiben können?«, bohrte ich weiter. »Und warum?«

Elke schüttelte den Kopf. »Jeder und jede *hätte* es tun können. Warum, weiß ich nicht. Vielleicht um ein Gefühl der Gefahr zu schaffen. Damit sich unsere Gruppe isolierter fühlt, ängstlicher, und leichter zu manipulieren wäre. So was ist schon passiert.«

Ich wollte sie noch weiter ausquetschen, aber die Tür flog auf und Marianne platzte herein, die Arme voller Zettel, Bücher und Lebensmittel. »Heute Abend koche ich chilenisch«, verkündete sie strahlend und gab uns beiden Küsse. Es war wirklich unmöglich, sie nicht zu mögen. Obwohl du wusstest, sie würde dich die halbe Nacht nicht schlafen lassen.

Eine Woche verging, noch eine. Ich hatte allmählich den Verdacht, dass Marianne nicht schlief, denn arbeiten sah ich sie selten. Dauernd war sie in meinem Zimmer oder verwickelte mich in lange Gespräche, wenn ich auf dem Weg ins Badezimmer war. An Lucinda schrieb ich, dass man vielleicht einen neuen Eid ablegen sollte: nie bei Fremden zu wohnen, bloß um ihre Waschmaschinen und Trockner zu benutzen. Ich schrieb an Nicola und deutete an, dass ich vielleicht früher als erwartet nach London zurückkehren würde. Ich schrieb meinem Lektor Simon, dass die Übersetzung etwas langsamer vorankäme, als ich gedacht hatte. Andererseits, mein Deutsch machte Fortschritte.

Die Nachtwachen auf der *Juliette* schienen Wirkung zu zeigen. Es hatte keine weiteren Zwischenfälle gegeben und nur einen Brief, den die Vogelschützer sofort der Presse übergeben hatten. Jetzt, wo die Medien beteiligt waren, rechneten alle mit großer Publicity für die Demonstration am Samstag. Der ganze Freitag ging mit Vorbereitungen drauf, Schildermalen, Anrufe, Fotokopieren der Tatsachenberichte.

Am Freitagabend, als Karin anrief und sagte, dass Sappho sich nicht gut fühle und sie die Nacht nicht auf der *Juliette* verbringen könne, sah ich meine Chance. Elke hatte Astrid gebeten einzuspringen. Ich wollte schon die ganze Zeit wissen, wo die DNA-Spirale endete.

»Ich könnte doch auch hingehen«, bot ich an.

»Was für eine gute Idee«, sagte Marianne sofort. »Astrid, Elke, Cassandra und ich, wir werden alle die Nacht dort verbringen. Das wird ein Spaß, wie eine Party.«

Gegen elf kamen wir an, Elke in schwarzem Leder, Marianne in einer großen Steppjacke und einem Dutzend Schals und ich in ein paar zusammengeborgten warmen Sachen. Astrid wollte uns dort treffen. Auf dem Fluss lag dichter Nebel und der Geruch von Öl und Fisch. Die Docks waren mit schwachen, geisterhaft gelben Lampen beleuchtet, aber es waren nur wenige Menschen draußen. Wasser klatschte an die Docks, und in Abständen ertönte das hohle Tuten des Nebelhorns, einsam und doch eine Warnung vor Gefahr.

Die *Juliette* sah normal aus – nicht als hätte jemand daran herumgepfuscht –, als wir unsere Schlafsäcke ausbreiteten und die Laterne anmachten. Elke goss uns Tee aus einer Thermoskanne ein, und Marianne schwatzte.

»Gestern Abend habe ich die Geschichte von der verheirateten Frau und dem Laufburschen übersetzt, Cassandra. Ist die nicht gut?«

»Ist das die, wo sie sich frenetisch paaren oder wo sie frenetisch sich paaren?«, sagte ich.

Elke lachte und verwandelte es dann in ein Husten.

»Ich gebe ja zu«, sagte Marianne, ohne zu erröten, »dass in den Geschichten ein gewisses Maß an heterosexueller Romantik vorkommt, aber –«

»Romantik!«, rief Elke. »Es sind Softpornos in den Tropen, nichts weiter!«

»Sind sie nicht! Es sind schöne Texte. Hilf mir, Cassandra. Hilf mir, Gloria gegen meine unromantische Freundin zu verteidigen.«

»Es sind keine schönen Texte«, murmelte ich und dachte, jetzt werde ich Hamburg mit dem Frühzug verlassen müssen. Zum Glück sind meine Kleider alle gewaschen.

»Was?«, sagte Marianne. »*Wie bitte?* Ich habe dich nicht verstanden.«

»Was ist das für ein Geräusch?«, fragte Elke und setzte sich kerzengerade hin.

»Wo?«

»Auf dem Dock, es kommt näher. Sind das Schritte?«

»Es ist bloß Astrid«, sagte Marianne. »Astrid«, rief sie, aber es kam keine Antwort.

Die Schritte hielten inne, nicht weit entfernt. Sie bewegten sich nicht wieder weg.

»Du rufst besser die anderen mit dem Handy an«, sagte ich.

»Ja.« Aber Elke suchte und konnte es nicht finden. »Wir müssen es vergessen haben.« Sie nahm die Taschenlampe und leuchtete das Dock ab. Kein Geräusch.

»Wahrscheinlich bloß Ratten«, sagte Marianne entschieden. »Also, Cassandra, was hast du gesagt? Ich habe es nicht verstanden ... über Gloria ...«

»Ich gehe hin und sehe nach«, sagte Elke.

»Nein, Elke«, erwiderte Marianne, aber Elke schlüpfte die kleine Leiter hoch und auf den Pier. Wir sahen ihr Licht das Dock entlangflackern und dann verschwinden.

»Elke!«, rief Marianne. Man hörte nur das Nebelhorn.

»Ich gehe nachsehen, was los ist«, sagte ich.

»Lass mich nicht allein, Cassandra!«

»Ich bin in einer Sekunde zurück.«

Auf Händen und Knien kroch ich aus dem Boot und ließ die Taschenlampe ausgeschaltet. Ich arbeitete mich zur Hafenwand vor und zentimeterweise daran entlang in die Richtung, in der Elke verschwunden war. Der Zement war kalt und klamm. Inzwischen war der Nebel so dicht, dass ich fast nichts sehen konnte. Nicht mal das Boot, aus dem ich gerade gekommen war.

Meine Nerven waren zum Zerreißen gespannt. Als ich den dumpfen Ton hörte, mit dem jemand aufs Boot sprang, und Mariannes abgebrochenen Schrei, erstarrte ich und konnte mich nicht rühren. Wen zu retten war mir wichtiger, Elke oder Marianne? Besser gesagt: Wen konnte ich retten, wo meine Füße auf den nassen Holzplanken des Docks festzukleben schienen?

Die Frage war schon bald nicht mehr rein rhetorisch. Von Marianne war nichts mehr zu hören außer ein Wummern gegen Holz. Hatte er – sie? – Marianne in das winzige Klo gesperrt? Aber ein paar Minuten später sprang der Bootsmotor an. Wollte er das Boot mit Marianne darauf stehlen? Wollte er sie irgendwo in den Fluss werfen?

Das Adrenalin löste mir schließlich die Knie, und ich fiel nach vorn und kroch auf dem Bauch über das Dock zurück zur *Juliette*. Wer immer das Boot steuerte, schien nicht viel Übung zu haben; er manövrierte es ungeschickt vom Anleger weg und stieß dabei gegen die Pfosten. Gerade als das Boot ablegen wollte, sprang ich so leise ich konnte ins Heck, das offen war und einen Tisch und eingebaute Sitzbänke hatte. An einem der Sitze schrammte ich mir heftig das Knie.

Hinkend und kriechend arbeitete ich mich zu der Tür vor, die das Heck mit der mittleren Schlafkabine verband. Sie war abgeschlossen. Ich würde mich an der Seite des Bootes entlang zur Kapitänskajüte hangeln müssen. Aber im Augenblick war das Boot nicht stabil genug für solch schwierige Manöver. Ich klammerte mich fest, als der unbekannte Bootsführer sich ungeschickt von den Anlegestellen wegdrehte und uns Richtung Fluss lenkte. Ich dachte an die riesigen Containerschiffe irgendwo da draußen im Nebel. Der Idiot hatte nicht mal die Lichter eingeschaltet.

Sehr schwach hörte ich vom Dock, das im dicken weißen Nebel völlig verschwunden war, rennende Füße und einen dünnen Ruf: »Marianne! Cassandra!« Na, Elke war wenigstens in Sicherheit und konnte Hilfe holen. Hoffentlich ehe wir sanken oder in eine größere Kollision verwickelt wurden.

Denn wir waren auf dem Weg aus dem Binnenhafen auf den riesigen, unsichtbaren Fluss hinaus.

Jetzt war es an der Zeit, etwas zu unternehmen. So langsam und vorsichtig ich konnte, schob ich mich an der rechten Bootsseite entlang und versuchte, nicht auf das, wie mir schien, schrecklich schwarze und kalte Wasser hinunterzuschauen. Vorwärts, vorwärts, dachte ich. Denk einfach vorwärts. Um uns herum schien es nichts zu geben als eine feuchte, brackige Wolke. Endlich drückte ich mich gegen die rechte Tür. Wie bloß konnte ich ungesehen hineingelangen? Ich spähte durchs Fenster. Keine Spur von Marianne. Am Ruder auf der anderen Kabinenseite stand eine Gestalt ganz in Schwarz mit einer Ski-Maske. Nicht gerade ein Vertrauen erweckender Anblick. Mir schien, es war ein Er, aber in den Schatten konnte ich nichts Genaues erkennen. War es Groß oder Rund? War es Astrid?

Ganz in der Nähe ging ein Nebelhorn los, und ich hätte fast die Balance verloren und wäre ins Wasser gefallen. Ich packte den Türgriff, der sich drehte und nachgab. Ich wurde in die kleine Kabine geschleudert, direkt gegen die Gestalt am Ruder.

»Dafür wirst du bezahlen«, sagte ich überraschenderweise auf Deutsch (die *Wie bitte?*-Lektion über das Futurum vielleicht?), packte das Ruder und drehte es scharf herum. Das Boot änderte abrupt die Richtung, und der Schwung stieß die Gestalt zur anderen Bootsseite hinaus, durch die linke Tür, die bei der Wende aufgeflogen war.

Ich wartete auf das Platschen und sah mich hektisch nach einem Rettungsring um. Irgendein beleuchteter Gegenstand – eine Boje, wie ich hoffte, denn wir stießen dagegen – tauchte auf und verschwand wieder. Ich versuchte krampfhaft, mich an Mariannes kurze Lektion in Fluss-Schifffahrt zu erinnern.

Richtig, Marianne. Ich musste sie aus der Toilette befreien, aber ich hatte Angst, das Ruder loszulassen. Überhaupt waren meine Hände inzwischen am Ruder festgefroren. Und wo war der Rettungsring? Wo blieb das Aufschlagen eines menschlichen Körpers auf dem Wasser?

Aus dem Augenwinkel sah ich eine Gestalt, die sich an die Bootsseite klammerte. Er, denn jetzt war er nicht nur vorläufig, sondern endgültig männlich, hatte es geschafft, nicht zu fallen, sondern sich an der linken Seite festzuhalten wie ich vorhin an der rechten. Ich konnte ihn immer noch nicht gut erkennen und hatte auch Angst, die Augen vom Fenster vor mir abzuwenden, obwohl ich auch in dieser Richtung nur wenig sehen konnte. Er rief mir auf Deutsch etwas zu.

»Reden Sie Englisch!«, rief ich zurück.

Aber falls er es konnte, war sein Hirn genauso blockiert wie meins, und es kam nichts heraus.

Unter Aufbietung aller Kräfte konnte ich mich an ein paar Grundmuster der Unterhaltung erinnern. »Wie heißen Sie, bitte?«

»Helmut.«

»Helmut. Der Vater von Sappho?«

»Ja, ja.«

»Was tun Sie hier?«

Aber seine Antwort konnte ich nicht verstehen. *»Wie bitte?«*, rief ich zurück, als ich rechts etwas Bootförmiges sah und das Ruder so hart herumriss, dass wir gerade noch vorbeikamen.

»Ich wollte nur. Wollte Karin nur Angst machen. Damit sie nicht zur Demonstration geht. Ich hasse Gewalt.«

»Und was ist mit der Möwe?«

»Ein Fehler. Es tut mir Leid.«

Sollte ich ihm glauben? Mein Verstand sagte ja, aber meine Instinkte waren immer noch völlig gefangen von diesem verdammten Fernsehprogramm, das einst vergessen auf dem Speicher meiner Erinnerungen gelegen hatte, jetzt aber wieder auferstand und sich über die Realität legte.

Da war der Hafen bei Nacht. Da war ein frei herumlaufender Mörder. Da war ein Boot und ein Mann über Bord. Da war eine Verfolgungsjagd. Da waren viele Menschen, die schrien: »Halt! Polizei!« Da war ein lautes Krachen, und direkt vor dem Krachen war der Imperativ gekommen. Achte auf das Boot da vorn. Wende! Wende!

Was zum Teufel sagte er jetzt? Ich konnte ihn kaum hören, weil es hinter mir so heftig gegen die Toilettentür wummerte. »Augenblick, Marianne!«, rief ich, und dann zu Helmut: »*Wie bitte?*«

»*Turn!*«, schrie er plötzlich auf Englisch.

»Warum sagen Sie das nicht gleich?« Ich riss das Ruder herum, aber nicht schnell genug. Und das ist für eine Weile alles, woran ich mich erinnere.

Ich hatte eine leichte Gehirnerschütterung, aber der Arzt meinte, ich bräuchte nicht lange im Krankenhaus zu bleiben. Eine oder zwei Wochen Bettruhe, dann müsste ich wieder hergestellt sein. Marianne war natürlich froh, mich pflegen zu können. Jede halbe Stunde kam sie in mein wunderschönes Gastzimmer, um nachzusehen, wie es mir ging, und um zu schwatzen. Helmut war verhaftet, aber wieder auf freien Fuß gesetzt worden. Nach seiner wilden Fahrt an der Bootsseite war er nur zu froh, dem Polizeiboot, das uns eingeholt hatte und mit dem ich offenbar kollidiert war, alles zu gestehen. Er sagte aus, er hätte sich wegen der bevorstehenden Demonstration Sorgen um Karin gemacht. Darum hatte er ihr gesagt, er würde es nicht rechtzeitig nach Hause schaffen, damit sie mit Elke auf die *Juliette* gehen und dort übernachten konnte. Er dachte, nur Elke würde auf dem Boot sein und er könnte, wenn er sie weglockte, die *Juliette* auf den Fluss hinausfahren und irgendwo versenken. Nicht sehr nett, aber es hätte schlimmer sein können. Für ihn *war* es natürlich schlimmer, da er wegen Entführung und rücksichtsloser Gefährdung von Menschenleben unter Anklage gestellt werden sollte. Aber die Vogelbeobachtungsgesellschaft zog die Anklage zurück. Ihre Demonstration war wunderbar gelaufen, nur hier und da hatte es ein paar kräftige Hiebe gesetzt, und es bestand Hoffnung, dass die Elbauen gerettet werden könnten.

»Natürlich spricht Karin im Augenblick nicht mit ihm«, berichtete Marianne. »Aber am Schluss wird sie ihm sicher vergeben.« Von der Bettkante aus sah sie mich wehmütig an. »Wenn ich nur nicht in der Toilette eingeschlossen gewesen wäre. Ich hätte dir helfen können, Cassandra. Ich hätte uns in Sicherheit steuern können.«

Ich war mit der sehr strengen Verwarnung davongekommen, *nie wieder* den Versuch zu unternehmen, im Hamburger Hafen ein Boot zu steuern.

Meine Strafe bestand darin, bei Marianne im Bett zu liegen und mir aus Gloria de los Angeles vorlesen zu lassen, erst auf Spanisch und dann, um mein Deutsch zu verbessern, in ihrer Übersetzung. Aber als es mir besser ging, nahm mich Astrid eines Tages mit ans Elbufer und erklärte mir, wie man die Vögel identifizierte, die am Fluss und in den Marschen lebten. Ich versuchte, sie dazu zu bewegen, mir das ganze Ausmaß ihrer Tätowierungen zu zeigen, was sie zögernd und mit Vergnügen schließlich auch tat. Aber als ich sie das nächste Mal sah, war sie mit Karin zusammen, die sich doch nicht mit Helmut ausgesöhnt hatte. Sie hatten vor, für die ökologische Revolution zu kämpfen und die kleine Sappho gemeinsam aufzuziehen.

Ich vergaß den Unterschied zwischen Rotkehlchen und Sperling.

Tage vergingen, Wochen. Eines Tages stand ich auf, als

hätte ein Wecker geklingelt. Im Spiegel betrachtete ich meine Stirn, wo die Beule jetzt die Farbe einer reifen Mirabelle angenommen hatte, und sah meine ausgezehrten Glieder. Dann nahm ich den Nachtzug nach London.

Karen Riefflin

Sanfter Schein

Karen Riefflin

Sanfter Schein

Es ist ein schöner Maimorgen in Hamburg. In die Stille klingt der Weckruf gefiederter Nachbarn, die mit Hilfe lieber alter Damen im Wonnemonat Probleme haben, ihre fetten, kleinen Körper in die Lüfte zu erheben. Das Schlafzimmer ist in Cremetönen gehalten; ein alter Nussbaumschrank und eine passende Kommode schimmern an der Wand, in der Mitte des Zimmers das Bett; der alternde Mann schiebt die Decke zurück, setzt sich langsam auf und reckt sich. Er schlüpft in seine Puschen und geht zu den hohen Fenstern, um einen Blick auf die Alster zu werfen, die am Ende seines Gartens träge daliegt. Ein Eichhörnchen hüpft vergnügt von Ast zu Ast; Trauerweiden berühren sachte den grünen Rasen. Ein paar Enten dümpeln vor sich hin. Wieso sind da nur Enten? Er bezahlt genug Steuern, er kann erwarten, Schwäne zu sehen, wenn er morgens aus dem Fenster guckt. Er hustet und kratzt sich, so wie es viele älter werdende Männer tun, dann geht er ins Bad.

Aber er ist nicht irgendein Mann! Er ist etwas Besonderes. Im Bett liegt leise schnarchend seine Frau.

Wenn er in den Spiegel blickt, fällt es ihm schwer, etwas Besonderes zu sehen. Er ist hanseatisch aufrecht und hat auffallend blaue Augen. Aber die in sich zusammensackende Haut seines Gesichts, der Bauchansatz und das graue Haar fesseln seine Aufmerksamkeit.

Als er das Zimmer verlassen will, dreht sie sich um und blinzelt ihn aus verquollenen Augen an. »Morgen, Schatz. Gehst du schon?«

Kühl sieht er zu ihr hinüber. Wie sie da liegt, mit dem ungekämmten Haar und der fleckigen Haut. »Ich muss arbeiten, wie jeden Tag. Aber bleib du nur im Bett und mach es dir gemütlich.«

Ihre Augen weiten sich. Dabei hätte sie seine Reaktion erahnen können. Trotzdem lässt sie ihn nicht gehen; sie würde sich den ganzen Tag schuldig fühlen, ohne zu wissen warum. »Ich dachte, ich koch uns heut' Abend was Schönes. Wie wär's mit Ragout?«

»Wird spät heute Abend ... Ich muss los.« Er hört am Rascheln der Kissen, dass sie sich wieder hinlegt; in letzter Zeit kommt sie nicht mehr aus dem Bett raus, sie lässt sich gehen. Er ist froh, dass er allein in der Küche ist. Am Tisch stehend nimmt er ein vollwertiges Vogelfutter-Frühstück zu sich, um seinen lauernden Verdauungsbeschwerden vorzubeugen. Er holt den polierten Mercedes aus der Garage und macht sich auf den Weg.

Seine Laune bessert sich mit jedem Meter, der ihn seinem Ziel näher bringt, und als er den Philosophenturm vor sich aufragen sieht, lächelt er fast. Nein, er ist nicht einfach ein alternder Mann, er ist Professor Doktor Heinrich Pride, ein distinguiertes Mitglied der geistigen Elite. Er unterrichtet Literatur am Seminar für Englische Sprache und Kultur der Universität Hamburg. Die lange Reihe von Veröffentlichungen, der er seinen Namen gegeben hat, beweist, dass er ein guter Professor ist. Er ist ein Suchender, und sein Ziel ist die Wahrheit. Er stellt seinen Wagen auf dem kleinen Parkplatz hinter dem Audimax ab und geht die wenigen Schritte, die ihn von seiner Welt trennen.

Der Pförtner in seiner Loge nickt ihm respektvoll zu, so wie es sich gehört. Sicheren Schrittes und erhobenen Hauptes durchquert er die Eingangshalle und gibt seinen Mantel bei den grell geschminkten Frauen hinter dem Tresen ab. Milde und wohlmeinend, so behandelt er die weniger privilegierten Angestellten der Universität, er ist ein Freigeist. Allerdings will er nicht riskieren, dass sie ihm von ihren Enkelkindern berichten; sein Lächeln muss gut bemessen sein: freundlich, aber unverbindlich. Er dreht sich um und sieht nicht, wie die beiden die Nasen rümpfen. »So 'n aufgeblasener Gockel«, sagt die eine, als er durch die Glastür in Richtung Treppenhaus verschwunden ist.

»Is dir mal aufgefalln, wie er den Mund verzieht, jedes Mal, wenn he da steht? Dat sieht immer aus, wie wenn er grad in 'ne Zitrone beißt«, erwidert ihre Kollegin.

»Wahrscheinlich meint er, er würd lächeln, wenn er den Mund so macht.« Die beiden kichern.

»Er geht, wie wenn er ’n Lineal verschluckt hat.«

Die Ankunft Prides ist immer ein Höhepunkt.

Der Professor erreicht den ersten Stock und nähert sich dem Geschäftszimmer. »Guten Tag, Frau Hanusch«, sagt er kühl. Frau Hanusch ist eine aufdringliche und unangenehm gut gelaunte Person.

»Tachchen, Herr Professer.«

Das macht sie immer. Jeden einzelnen Tag wirft sie ihm dieses unverschämte ›Tachchen‹ vor die Füße. Es ist ihm unbegreiflich, wieso die Universitätsleitung eine Frau eingestellt hat, die nicht fähig ist, sich ihrer Muttersprache zu bedienen. Schlimm genug, dass die Studenten durch die Bank faule und inkompetente Nichtsnutze sind.

Er tritt an sein Fach, nimmt einige Mitteilungen heraus und entschwindet in die Sicherheit seines Dienstzimmers. Es ist eins der wenigen schönen Büros, geräumig und hell. Er hat letztes Jahr ein neues Ledersofa und passende Sessel gekauft; nichts hasst er mehr als die zusammengeklaubten Sperrmüllmöbel, mit denen seine Kollegen ihre winzigen Kabuffs auffüllen. Den unerträglichen Linoleumboden hat er unter einem großen Teppich verschwinden lassen. Neben dem neuen Sofa steht das letzte Geschenk, das seine Frau ihm gemacht hat, eins der wenigen, das ihm sogar gefällt: ein matt chromglänzender Kerzenständer in Form eines flachen Tellers, der mit einem robusten Unterbau und drei zylindrischen Halterungen für Kerzen versehen ist. Er steht auf dem Boden, denn die Kerzen, die er hält, sind von kirchlichem Ausmaß. Sie haben einen Durchmesser von mehr als zehn Zentimetern und sind vierzig bis sechzig Zentimeter lang. Das Ganze ist moderner, als er es liebt, aber die Schlichtheit von Form und Material haben ihn angesprochen. Oft sitzt er abends im sanften Schein der Kerzen und liest eins seiner Lieblingsbücher, während seine Frau zu Hause auf ihn wartet. Für ihn ist der Kerzenständer Spiegel seiner selbst: geradlinig und ohne Schnörkel, seine Funktion erfüllend, ohne damit zu prahlen. Der Kerzenständer ist ein Diener des Lichts, so wie er ein Diener des Wissens ist.

Das Wissen, dem er dient, verteilt sich in dem Bücherregal, das die eine Seite seines Büros einnimmt. Die Fensterfront geht nach Westen; hätten die Anglisten sich nicht mit dem ersten Stock abspeisen lassen, könnte er den Blick auf die Silhouette der Stadt genießen. Dennoch ist das Büro eine echte Verbesserung. Früher war er auf der anderen Seite des Flurs in einer kärglichen Zelle untergebracht. Die Fenster blickten auf den Vorplatz des Philosophenturms, wo ständig Studenten rumhingen. Da standen sie, rauchten, schwatzten und lachten so laut, dass er in der brütenden Hitze des Hamburger Sommers die Fenster schließen musste, um arbeiten zu können.

Heute hat er es besser. Er wird nicht mehr von der lärmenden Ignoranz einige Meter unter sich gestört. Was sich nicht ganz vermeiden lässt, sind Störungen durch die etwas leisere Ignoranz seiner Kollegen, denkt er, als es an der Tür klopft.

»Ja.«

»Herr Kollege, einen guten Morgen wünsche ich.«

»Morgen.«

»Heute Mittag soll's 'ne Vollversammlung geben.«

»Wieso das?«

»Die Studenten wollen über einen Streik abstimmen ...«

»So eine Frechheit! Die sollten ihre Zeit darauf verwenden, sich in deutscher Rechtschreibung zu üben. Das wäre wirklich sinnvoll. Stattdessen proben sie den Aufstand. Das ist lächerlich.«

»Aber die Studienbedingungen ...«, versucht sein Kollege einzuwenden.

»Diese debilen Nassauer können froh sein, dass sie studieren dürfen. Ich befürworte durchaus eine Verbesserung der Studienbedingungen, aber dann müssen auch Anforderungen gestellt werden. Es sollte Aufnahmeprüfungen geben, bevor Hans und Franz zugelassen werden, Scheine müssen benotet, Wissen abgefragt werden. Hätten Sie mir letzte Woche zugehört, als ich meinen Vortrag zur Reform des Anglistischen Seminars nach amerikanischem Vorbild gehalten habe, dann wüssten Sie jetzt, wovon ich spreche, Herr Kollege.«

Konsterniert blickt der Herr Kollege ihn an. Er ist Sprachwissenschaftler. Pride ist für ihn ein Kuriosum; er hat interessante Ideen, ist aber unfähig, erfolgreich mit anderen Menschen zu kommunizieren.

»Tja, es war nett, mit Ihnen zu plaudern.«

Professor Pride hört, wie die Tür sich schließt, und der Held unserer Geschichte ist froh, wieder allein zu sein. Seine Kollegen bringen ihn in Rage, sie tragen die Verantwortung für den Untergang der Wissenschaft. Sie werfen Scheine unters Volk wie Konfetti; Leistung verlangen sie im Gegenzug nicht, es sei denn das Eintragen auf der Anwesenheitsliste gilt als Leistung. Seine Kollegen haben sich zu Verwaltern des Verfalls gemacht. Wenn er das Sagen hätte an der Uni Hamburg, so manches würde sich ändern.

Seine Stimmung bessert sich nicht eben, als er sein Hauptseminar betritt. Aufgrund der Vollversammlung ist nur die Hälfte der Teilnehmer erschienen. Wieso wundert ihn das? Studenten nutzen jede sich bietende Gelegenheit, um zu schwänzen. Er setzt sich vorne hin und ordnet seine Papiere. Die Studenten scharren mit den Füßen und verstummen.

»Wir wollen heute sprechen ... über Liebe als höchste Form der Kommunikation. Die Referenten wollen uns mit einigen treffenden Exempeln aus *Pride and Prejudice* beglücken ... Wo sind die Referenten?«

Vierzig tranige Augenpaare blinzeln ihm entgegen. Wahrscheinlich sinnieren sie über die Bedeutung des Wortes ›Referenten‹, denkt er. Es frustriert ihn, dass er ein Hauptseminar über englische Literatur auf Deutsch abhalten muss. Aber das ist notwendig, denn zwei Drittel der Anwesenden sprechen so schlecht Englisch, dass man sie beim besten Willen nicht verstehen kann. Diese Unfähigkeit ist genauso eine Zumutung wie das Unvermögen, ihre Muttersprache zu verschriftlichen.

Da sitzen sie, die wissenschaftlichen Erben Deutschlands: Sie popeln in der Nase, flirten quer über den Raum hinweg und kippeln mit den Stühlen.

»Also, wo sind die Referenten?«

»Frau Mori lässt sich entschuldigen. Sie ist krank.«

»Ich glaube, die beiden anderen, Thomas und Christine, sind bei der Vollversammlung.«

Er muss den vorgesehenen Beitrag selbst halten. Manchmal während seines Monologs blickt er scharf in die Gesichter vor ihm, aber er sieht dort bestenfalls den höflichen Anschein von Interesse. Die meisten blicken dumpf ins Leere, während er sie an seinem Wissen teilhaben lässt. Das Seminar ist vorbei, und er eilt hinaus, die Fragen zu Hausarbeiten und Referaten ignorierend. Doch selbst sein Zimmer gibt ihm nicht die erhoffte Ruhe.

Er beruhigt sich erst, als er hört, dass das Gebäude verstummt. So mag er es. Die Stadt versinkt in Dunkelheit, die verbrauchten Kollegen gehen heim zu ihren dürrgepflegten Friseurblondinen. Die Studenten haben bereits mittags fluchtartig den Campus verlassen, um Orgien zu feiern und Comics zu lesen. Abends gehört der Philosophenturm den wahren Wissenschaftlern, denen, die getrieben werden vom Streben nach Erkenntnis – ein Anliegen, das bei den meisten Mitgliedern der Universität ein zynisches Grinsen oder Unverständnis hervorruft.

Er ist Idealist, und er hat ein überwältigendes Mitteilungsbedürfnis. Er braucht dringend ein neues Forum für seine Ideen. Jeder Pingpong-Spieler darf der Fernsehnation seine Gedanken zur Lage der Welt unterbreiten, vorausgesetzt, er ist berühmt. Wenn er prominent wäre, würde man begierig seinen Worten lauschen, man würde ihn zu Talkshows einladen und um Interviews bitten, man würde ihm Geld geben, um seine Meinung zu hören.

Wie wird man als Universitätsprofessor berühmt? Zum Rockstar ist er zu alt, er will sich nicht lächerlich machen. Wie also? ... Vielleicht sollte er einen Roman schreiben ... Ja, das könnte eine Möglichkeit sein, den distinguierten Status eines Universitätsprofessors mit Ruhm in Einklang zu bringen. Er ist Literaturwissenschaftler; mit dem Wissen, das er über Literatur gesammelt hat, wird es ihm ein Leichtes sein, selbst welche zu produzieren. Das ist es! Er wird einfach sein Wissen praktisch anwenden. Und er wird berühmt werden! Er wird einen gesellschaftskritischen Roman schreiben, ein Werk wie *Fegefeuer der Eitelkeiten*. Das Buch wird dem Leser mit seinen intellektuellen Spitzen ein Schmunzeln entlocken, aber auch eine tiefgründige und tragische Wahrheit offenbaren. Er braucht ein Thema, aber das ist kein Problem. Er hat viel zu sagen! Er wird einen Bestseller schaffen. Vielleicht dreht einer der jungen, erfolgreichen Regisseure nach seiner Vorlage sogar einen Kinofilm. Sein Erstlingswerk wird für Furore sorgen, das ist klar. Er hat dann eine Plattform und ein Publikum, das dankbarer sein wird als minderbemittelte Studenten und desinteressierte Kollegen.

Ein vorsichtiges Klopfen reißt ihn aus seinen Träumen von einer schöneren und bedeutenderen Zukunft. Ungeduldig blickt er zur Uhr, halb zehn. Wer kann so spät etwas von ihm wollen?

Zögerlich tritt eine der wissenschaftlichen Assistentinnen ein. Sie ist ein blasses und fahriges Geschöpf, so mager wie ihr Selbstbewusstsein. Im Vorstellungsgespräch ist sie ihm symphatisch gewesen mit ihrem rötlich blonden Haar und den Sommersprossen; ihre Schüchternheit ist ihm entzückend vorgekommen, und er hat sich vorgestellt, dass es angenehm sein müsste, in der Nähe dieses sanften Geschöpfs zu arbeiten. Außerdem hat sie ihn erkannt als die Koryphäe englischer Literatur, die er ist; bewundernd hat sie zu ihm aufgeblickt. Manchmal schimmern kleine blaue Äderchen durch die Blässe ihrer Haut, und dann fragt er sich, wie man mit einer so dünnen Haut leben kann.

Inzwischen findet er ihre Schwäche unerträglich.

»Kann ich Ihnen helfen?«, fragt er.

»Ja, ich weiß nich ... vielleicht ... ich hab da ein Problem mit ...«

»Geschätzte Frau Karst, würden Sie die Freundlichkeit besitzen, auf den Punkt zu kommen. Ich habe nicht vor, die ganze Nacht Ihrem Gestotter zu lauschen.«

»Ja, ja sicher ... Ich hab gerade eine Ihrer Doktorarbeiten durchgesehn. Sie hatten mich gebeten ...«

»Das ist mir bekannt.«

»... Mir is' da was aufgefallen ...«

»Ach ja?«

»Es scheint, als wäre die gleiche Arbeit schon mal geschrieben worden, hier im Seminar.«

»Was??«

»Es sieht so aus, als ...«

»Ich habe Sie gehört. Wer ist es?«

Umständlich kramt sie ein zerknittertes Stück Papier raus. Am liebsten würde er aufspringen und es ihr aus der Hand reißen. »Nun!?«

»Es handelt sich um eine gewisse ... äh ... also, sie heißt

Sigrid Müller. Sie schreibt über die sozialistischen Implikationen der Kurzgeschichten von Wells.«

Er sackt in seinem Stuhl zusammen. Die Müller ist einer seiner wenigen Schützlinge und nicht völlig unterbelichtet. Er hat die Arbeit selbst mit ihr abgesprochen. Viel schlimmer als ihr Betrug ist die Tatsache, dass er ihn nicht bemerkt hat. Er ist daran gewöhnt, Recht zu haben. Der Gedanke, dass er einen Fehler gemacht hat, will nicht in sein Bewusstsein vordringen. Eine Weile sitzt er da und starrt vor sich hin. Die Karst weiß, dass er die Gespräche geführt hat. Der Schaden muss begrenzt werden. Er muss sie dazu bringen, in seinem Sinn zu handeln.

»Wann haben Sie das entdeckt?«

»Heute Nachmittag ...«

»Und da kommen Sie erst jetzt zu mir? Das ist unglaublich!«

Er sieht, wie sie zusammenzuckt, und das lindert seinen Schock. Er kommt hinter dem Schreibtisch hervor und baut sich vor ihr auf. »Haben Sie kein Verantwortungsbewusstsein? Ich hätte das sofort erfahren müssen!«

»Ich konnte es Ihnen nicht mitteilen. Ich war nicht hier. Ich ...«

»Sie waren nicht hier? Ich muss sagen, Frau Karst, Sie nehmen die Chance, die Ihnen hier geboten wird, nicht ernst. Ich dachte, Sie hätten das Thema mit Frau Müller abgesprochen. Das gehört doch zu Ihrem Aufgabenbereich.«

»Aber mit Frau Müller haben Sie doch immer selbst gespro–«

Der Blick, den er ihr zuwirft, lässt sie verstummen. »Wollen Sie andeuten, ich sei für diesen Skandal verantwortlich?«

»Nein, nein, wirklich nicht ... Ich wollte doch nur ...«

»Frau Karst, haben wir nicht Ihre Aufgaben besprochen, als Sie eingestellt wurden?«

»Ja, Herr Professor.«

»Und gehört die Betreuung meiner Doktoranden nicht dazu?«

»Doch.«

»Zur Betreuung gehört doch wohl die Auswahl eines adäquaten Themas?«

»Natürlich.«

»Würden Sie, Frau Karst, ein bereits behandeltes Thema für adäquat halten?«

»Nein.« Ihre Stimme ist kaum hörbar.

»Wie bitte? Sie müssen lauter sprechen.«

»Nein, Herr Doktor Pride.«

»Frau Müller wird mit dem üblichen Verfahren zu rechnen haben.« Er setzt sich auf sein Sofa und lehnt sich behaglich zurück. »Aber, Frau Karst, es muss Ihnen klar sein, dass diese Angelegenheit auch für Sie Konsequenzen haben wird.«

Mit großen Augen sieht sie ihn an.

»Ich hatte die Hoffnung, dass Sie eine Bereicherung für das Institut sein würden. Sie haben meine Erwartungen bisher nicht erfüllt. Es mangelt Ihnen an Souveränität, sowohl bezüglich englischer Literatur als auch im Umgang mit den Studenten. Sie greifen nicht hart genug durch.«

»Aber ich ...«

»Frau Karst, ich wäre Ihnen dankbar, wenn Sie die Höflichkeit besäßen, mich meinen Satz beenden zu lassen. In zivilisierten Kreisen ist das so üblich.«

Die junge Frau nickt und senkt den Blick.

»Außerdem sind Sie zu langsam. Ich habe Sie letzte Woche gebeten, Fragen für die schriftlichen Prüfungen zusammenzustellen, und ich habe noch nichts von Ihnen bekommen.«

»Aber es sind zwölf Kandidaten ...«

»Das tut doch nichts zur Sache. Vielleicht wäre eine Assistentenstelle bei meiner Sekretärin von den Anforderungen her angemessener.«

Er ist gut in Fahrt. Die Anspannungen des Tages lösen sich. Er wird ihr nicht offiziell die Schuld geben; das ist auch nicht nötig. So etwas kann passieren, aber eben nicht ihm. Er wird sicherstellen, dass die Angst um ihre Stellung so groß ist, dass sie nicht wagt, seinen Fehler herumzutratschen. Er spricht weiter in dem Ton höflich verschleierter Aggression, den er sich zu Eigen gemacht hat, um seine Meinung als der Weisheit letzten Schluss zu deklamieren. Und weil es so schön ist und weil er sich so gerne sprechen hört, bemerkt er die Veränderung nicht, die in der Frau vorgeht.

Sie steht nicht mehr da mit betrübt gesenktem Kopf. Ihr Rückgrat ist starr aufgerichtet. Sie hat das Haar, das im Licht der Deckenlampe rot aufflackert, nach hinten geworfen, ihr Blick ist kalt und abschätzend. Wäre er ein Mann, der seinem Gegenüber Beachtung schenkt, er könnte sich retten.

Während er weiterspricht, blättert er in einer Fachzeitschrift, auf der Suche nach seinem neuen Artikel. Er braucht sich nicht auf das zu konzentrieren, was er sagt. Er hat Übung darin, andere Menschen zu kritisieren, so dass er ohne nachzudenken von einem Punkt zum nächsten gleitet.

Die junge Frau mit den roten Haaren hört nicht mehr zu.

Er blättert weiter und findet den Artikel eines Kollegen, den er nicht ausstehen kann.

»Sie müssen an sich arbeiten«, sagt er.

Die Frau sieht sich im Zimmer um. Ihr Blick ruht auf verschiedenen Gegenständen, dann schweift er weiter.

Wie üblich hat sein Kollege nur heiße Luft von sich gegeben.

»Ich weiß nicht, ob die Universität von Ihrer Arbeit tatsächlich profitiert.«

Die Rothaarige findet nicht, was sie sucht. Vor Wut und Ungeduld spannt sie ihren Körper an, lange Fingernägel bohren sich in Fleisch, als sie die Hand zur Faust ballt.

Er hat den Artikel gefunden. ›Heinrich Pride‹ steht da, und das erfüllt ihn mit Stolz. Wie großartig erst, diesen Namen auf dem Umschlag eines Bestsellers zu entdecken.

»Verstehen Sie mich nicht falsch. Ich schätze Sie sehr, aber diese Dinge müssen gesagt werden. Die Angelegenheit ist mehr als ein Fauxpas.«

Beherrscht lässt sie ihren Blick zu dem alten Mann gleiten, der sie seit einem Jahr tyrannisiert. Direkt neben ihm steht der Kerzenhalter mit den mächtigen Kerzen.

Es wird ein Bestseller werden, ein Buch, das allgemeine Anerkennung findet, gekauft vom gemeinen Plebs, der sich damit den Anstrich von Intellektualität gibt, gewürdigt von Kritikern mit kreischenden Stimmen.

»Vielleicht fehlt es Ihnen an Talent zur Wissenschaftlerin, und Sie wären in einem anderen Beruf besser aufgehoben.«

Irgendwann hat er sie beauftragt, neue Kerzen für ihn zu besorgen. Als hätte sie nichts Besseres zu tun. Sie kann sich daran erinnern, wie sie unter ihrem Gewicht die Treppen hinaufgewankt ist.

Vielleicht bietet man ihm eine kleine, aber nicht unbedeutende Nebenrolle in der Verfilmung an; wenn er Schlüsselfunktion besitzt, würde schon ein kurzer Satz reichen.

»Es ist keine Schande, nicht für das Leben in Wissenschaft und Forschung geschaffen zu sein. Vermutlich haben Sie irgendwelche anderen Talente.«

Katzengleich schleicht sie heran, ohne ihn aus seiner Tirade aufzuschrecken. Sie umfasst die mittlere Kerze und hebt sie langsam hoch. Um Schwung zu holen, hält sie sie am unteren Ende fest.

Er findet die entscheidende Stelle des Artikels. Dieser Satz ist genial! Wie schafft er es nur, seine Einsichten so prägnant zu formulieren?!

»Ich will Ihnen nicht zu nahe treten, aber man muss sich wundern, wie Sie an die guten Abschlussnoten und Referenzen gekommen sind.«

Die Kerze könnte brechen. Vielleicht ist sie nicht hart genug. Das wird sich finden.

Ja, der Artikel sieht gut aus.

»Man weiß schließlich, wie es an einigen Universitäten zugeht: eine junge, hübsche Studentin, ein nachsichtiger Professor ... aber so etwas gibt es bei uns nicht.«

Sie hebt die Kerze weit über ihren Kopf.

Der Verlag hat es sogar geschafft, keine Druckfehler einzubauen.

»Bei uns gibt es keine persönlichen Beziehungen zwischen Professoren und Abhängigen. Da sind wir korrekt, besonders hier bei den Anglisten«, schmunzelt er. »Hier zählt nur Leistung.«

Die Kerze bricht nicht.

Es wird schwarz um ihn, und er sackt nach vorn auf den Tisch.

Sie lässt die Kerze sinken. Er rutscht vom Sofa; mit einem dumpfen Geräusch schlägt er auf dem Fußboden auf. Versonnen blickt sie die Kerze an. Da kleben graue Haare und etwas Blut, wenig Blut, wenn sie es sich recht überlegt. Sie zuckt mit den Achseln und geht schräg gegenüber in die Damentoilette. Sie dreht den Wasserhahn auf und spült die Kerze unter kaltem Wasser ab. Dann säubert sie das Waschbecken. Als sie die Kerze nimmt, um sie an ihren Platz zurückzubringen, stutzt sie. Da ist eine Delle in der oberen Kante. Sie runzelt die Stirn, dann dreht sie sich entschlossen um.

Sie sitzt in seinem Dienstzimmer auf seinem neuen Ledersofa im sanften Schein seiner Kerzen. Er liegt zu ihren Füßen.

»Tja, Herr Professor Doktor Pride, vielleicht habe ich

wirklich kein Talent zur Wissenschaftlerin, obwohl ich das bezweifle. Ganz bestimmt habe ich Talent zum Morden.«

Sie nimmt die Zeitschrift und liest den Artikel. Es sind die Ergebnisse einer Untersuchung, an der sie mitgearbeitet hat; eigentlich hat sie die Untersuchung allein durchgeführt, da der Herr Professor zu beschäftigt gewesen ist. Nur ihr Name ist nirgends zu sehen.

»Wissen Sie, ich war immer der Meinung, dass es den Charakter verdirbt, ständig im Recht zu sein. Das bekommt niemandem. Sie sind ein selbstgerechter Wichtigtuer, Pride. Was halten Sie von dieser Wahrheit?«

Drei Stunden später hat das Feuer alle Spuren ihrer Tat vernichtet. Sie tritt vor den Philosophenturm; verlassen breitet sich der Campus vor ihr aus. Beschwingten Schrittes geht sie zur U-Bahn Hallerstraße. Es ist eine laue Mainacht. Abgesehen vom Schienengeratter herrscht Stille im Abteil. Ein Betrunkener schlummert selig mit den Füßen in einer Bierlache. Sie fährt nach Hause in ihre Altbauwohnung. Vor dem Spiegel übt sie ein, wie sie auf die Mordnachricht reagieren wird. Es fällt ihr schwer, die zittrigen Bewegungen wieder zu finden, mit denen sie ihren Körper bewegt hat, aber es gelingt. Jede Faser in ihr ist gefasst. Sie ist eine gute Mörderin, und sie wird sich nicht erwischen lassen. Ein langes Jahr ist zu Ende; das Hochgefühl, das sie durchflutet, ist zu groß, als dass sie schlafen könnte.

»Frau Karst, bitte fassen Sie sich doch«, sagt Kommissar Jaschke mitfühlend. »Ich weiß, dass es ein Schock ist, aber wir sind auf Ihre Hilfe angewiesen.«

»Ja ... Ja, sicher ...«, stammelt sie unter Tränen. »Tut mir Leid ... Ich werd mich bemühen.«

»Sie standen ihm nah?«

»Nun ... wir haben zusammen gearbeitet ... Sehen Sie ... Er war kein einfacher Mann ... Er hatte ... Er war eine starke Persönlichkeit ...«

»Das ham wir gehört«, flüstern die zwei Assistenten des Kommissars einige Meter weiter.

»Wenn wir alle Verdächtigen in ein'n Raum bringen, können wir diesen riesigen Hörsaal füllen ... Den ...?«

»Das Audimax. Da haste Recht. Der war nich grade beliebt.«

Kommissar Jaschke räuspert sich, und die beiden verstummen.

»Vielleicht könnten Sie mit mir in sein Zimmer gehen und nachsehen, ob was fehlt?«

Sie zögert.

»Er ist doch nicht ...?«

»Nein, er ist nicht mehr da. Er wurde vor einer Stunde weggebracht.«

»Also gut«, sagt sie mit unsicherer Stimme. Sie geht, auf seinen Arm gestützt, in das Büro und sieht sich um. Alles ist an seinem Platz, es riecht nach Wachs.

Kommissar Jaschke entlässt die junge Frau; sie ist kaum in der Lage, einen Satz zu beenden, ohne hysterisch zu werden. Was für 'n dünnes Nervenkostüm, denkt Jaschke, als seine Mitarbeiter eintreten.

»Konnte die Kleine helfen?«, fragt der eine.

»Nee, nich wirklich, die is' völlig durch 'n Wind.«

Sein Assistent runzelt die Stirn. »Hmpf, war ja abzusehn. Weiber! Kommt sie auch in Frage?«

Kommissar Jaschke seufzt. »Frag lieber, wer nich verdächtig is'. Der Kerl war unbeliebt bis verhasst. Aber ich glaube, die Karst is' zu nervös, um so 'n Ding abzuziehn.«

»Also jeder, der den Prof gekannt hat, hatte 'n Motiv?«

»So ungefähr. Muss 'n echter Arsch gewesen sein. Viele Tränen werden da nich fließen, wenn der in die Grube fährt.«

»Das heißt, nur die Mordwaffe kann uns weiterhelfen.«

»Jawoll, und von der fehlt jede Spur.«

»Scheiße. Wir brauchen die Waffe, sonst ham wir keine Chance.«

Kommissar Jaschke blättert versunken in Prides Papieren. Seine Mitarbeiter sehen sich im Raum um und tuscheln miteinander.

»Guck mal, das is' aber 'n schnittiger Kerzenständer, wa? Als Prof macht man bestimmt ganz schön Asche.«

»Hör ma, wir sind hier, um zu arbeiten, nich um seinen Kram zu begutachten. Was willste werden, wenn du groß bist, Innenarchitekt oder schwul?«

»He, hör auf mit dem Scheiß. Meine Frau steht auf so 'n Zeug. Will ewig im Kerzenlicht hocken.«

»Deine Alte meint wohl, man sieht ihre Falten dann nich so.«

Sein Kollege sagt nichts mehr, aber er findet tatsächlich, dass seine Frau im sanften Schein vieler Kerzen wunderschön aussieht.

Über die Autorinnen und Autoren

Martina Bick, geb. 1956 in Bremen. Studium der Philosophie, Musikwissenschaft und Germanistik in Münster und Hamburg. Lebt und arbeitet heute als freie Autorin in Hamburg. Arbeitsstipendium im Künstlerhaus Cismar 1997, Reisestipendium des Auswärtigen Amtes.

Zahlreiche Veröffentlichungen: Kriminalromane, z.B. *Puppen lügen nicht*, Droemer/Knaur 1998, Romane, z.B. *Die perfekte Komplizin*, Droemer/Knaur 1999, und Sachbücher wie *Nie wieder – Zwanzig Wege, mit dem Rauchen aufzuhören*, Rasch & Röhring 1997. Außerdem Tätigkeit als Herausgeberin, z.B. *Mordsgewichte* (gemeinsam mit T. Kruse), Piper 1999.

Im Jahr 2000 erscheint ihr neuer Roman *Die Spur der Träume* bei Marion von Schröder.

Ingeborg Braisch, geb. 1940 in Hamburg. Studium Geschichte und Latein in Hamburg und Göttingen. Hauptberufliche Tätigkeit als Lehrerin in der Hansestadt, verheiratet, ein Sohn.

Dies ist ihre erste Veröffentlichung.

Peter Gerdes, geb. 1955 in Emden, wohnhaft in Leer. Studium der Literatur- und Sprachwissenschaften in Oldenburg. Redaktionstätigkeit bei Tageszeitungen.

Seit 1978 Publikation von Songtexten, Kurzgeschichten und Essays in Zeitungen, Zeitschriften und Anthologien, seit 1995 auch Produktion von Kriminalgeschichten und -romanen, z.B. »Ein anderes Blatt«, De Utrooper 1997, »Thors Hammer«, De Utrooper 1998. Ebenfalls 1998 Organisation und künstlerische Leitung der »35. Niedersächsischen Literaturtage«.

Neuester Roman: *Ebbe und Blut*, SKN-Verlag, Norden 1999.

Astrid Hagel, geb. 1961. Lebt in Hamburg und arbeitet als Krankenschwester in einer Psychosomatischen Klinik. Seit einigen Jahren journalistische Tätigkeit. Veröffentlichungen von Feuilletons, Essays und Artikeln zu Kunst und Literatur. Versucht sich jetzt auch als freie Autorin.

Petra Oelker, geb. 1947, wohnhaft in Hamburg. MTA, Sozialpädagogin, Weinladenbesitzerin und schließlich Journalistin.

Veröffentlichungen von Jugend- und Sachbüchern, z.B. *Eigentlich sind wir uns ganz ähnlich – Wie Mütter und Töchter heute miteinander auskommen*. Zuletzt erschienen die historischen Kriminalromane *Tod am*

Zollhaus, Der Sommer des Kometen, Lorettas letzter Vorhang sowie der heutige Krimi *Neugier*.

KAREN RIEFFLIN, geb. 1969 in Flensburg. Studium Anglistik, Geschichte und BWL an der Universität Hamburg. Seither tätig als freie Autorin und Übersetzerin. Erste Veröffentlichung: »Tödliche Pølser« (in: *Mörderisches Flensburg*, hg. von E. Bodenstein), Husum 1997. »Sanfter Schein« war 1998 zweitplatziert beim Norddeutschen Krimi-Förderpreis der Stadt Seelze.

UWE RUPRECHT, geb. 1958 in Harsefeld. Studium der Philosophie in Hamburg. Tätigkeit als Autor, Redakteur und Lektor in Hamburg, Wien und Berlin.

Zahlreiche Veröffentlichungen von Geschichten über historische Kriminalfälle. Lebt heute als Schriftsteller und Journalist in Stade.

Jüngste Veröffentlichung: die dokumentarische Erzählung *Lichtenberg in Stade. Ein biographisches Bruchstück*, Schack Verlag, Dortmund 1999.

EVA SCHELLER, geb. 1959 in München. Wahlhamburgerin seit zehn Jahren. Langjährige Tätigkeit als promovierte Juristin in einer Wirtschaftskanzlei.

Seit 1998 nur noch »Nebentätigkeitsanwältin«, um in der restlichen Zeit Lyrik und Prosa zu schreiben.

DIRK SCHMIDTKE, geb. 1965 in Hamburg. Arbeitet als Taxifahrer und freier Autor in der Hansestadt.

Erste Veröffentlichungen von Kurzgeschichten in Literaturmagazinen; hat eine ganze Reihe von Stein-und-Mackjudies-Geschichten geschrieben.

JAN SCHRÖTER, geb. 1958 in Hamburg, wohnhaft in Bad Bramstedt. Studium Sonderpädagogik, Erziehungswissenschaften, Germanistik in Hamburg. Selbständiger Buchhändler und freie journalistische Tätigkeit.

Seit 1992 freier Autor von Kurzkrimis für Zeitschriften und seit 1996 Drehbuchautor. Zahlreiche Veröffentlichungen von Reiseführern und Hamburgensien. Erster veröffentlichter Roman *Engel fallen tiefer*, Klönschnack-Verlag, Hamburg 1994.

REGULA VENSKE, Dr. phil., geb. 1955, freie Autorin in Hamburg.

Zahlreiche Veröffentlichungen, z.B. die Krimi-Trilogie *Schief gewikkelt, Kommt ein Mann die Treppe rauf, Rent A Russian*, neu aufgelegt in einem Band bei Heine, München 1998. Kriminalerzählungen wie »Die Hexen von Övelgönne«(1998) und »Mord im Gazellenkamp« (1999).

Wurde 1997 für ihr Gesamtwerk mit dem Schriftsteller-Stipendium des Hamburger Lessing-Preises ausgezeichnet.

Barbara Wilson, geb. 1950 in Kalifornien, international renommierte Autorin von vielfach ausgezeichneten Lesbenkrimis und -romanen.

Nach Jahren als Co-Verlagsleiterin und Lektorin im feministischen Verlag *The Seal Press* heute »nur noch« Autorin, Norwegisch-Übersetzerin und Direktorin des unabhängigen Projekts *Women in Translation.* Alle Romane und Krimis bei Ariadne.

»Wie bitte?« entstammt dem Kurzgeschichtenband *Belladonna* (Ariadne 1997), neun Reisen und Abenteuer der globetrottenden Übersetzerin Cassandra Reilly. Übersetzung Sigrid Sengpiel.

Friedhelm Grundmann, geb. 1925 in Schlesien. Architekturstudium in München. Seit 1956 freischaffender Architekt in Hamburg. Professor am Fachbereich Architektur der FH-Hamburg; Fächer: Grundlehre, Freihandzeichnen, Aquarellieren und Entwurf.

Präsidiumsmitglied der Freien Akademie der Künste; Herausgeber der Zeitschrift »Kunst und Kirche«.

Zahlreiche Publikationen über Kirchenbau und Denkmalpflege.